新時代の堅実な

お金の増やし方

小宮一慶
Kazuyoshi Komiya

MORE MONEY

ぱる出版

プロローグ　私の投資スタンス　4つのポイント

◉投資で「損をしたくない」人たちへ

わたしの人生の師匠は10年前に99歳で亡くなった藤本幸邦老師という曹洞宗《そうとうしゅう》のお坊さんです。その師匠は「お金はないと不自由だが、お金は魔物でもある」とおっしゃっていました。

この本のメインテーマは、その「お金の増やし方」ですが、お金をただ増やせばいいというものではありません。どういう生き方をするかということを考えて、お金を稼ぎ、貯めて、そのお金を増やし、そしてどう使うかが大切なのです。

師匠は「お金も時間も使うもの」ともおっしゃっていました。お金がないと言って、あくせく働くのもお金に使われていますが、お金のことばかり考えているのもお金に使われているのです。ただし、お金がないと不自由なのも事実です。

この本は、お金の増やし方を説明した本ですが、お金の増やし方には、いろいろな方法があります。ですから、どのようなお金の増やし方を選ぶかは、人それぞれ。好みや性格によって違って当然です。

たとえば、「一攫千金《いっかく》派」。投資で大儲けをしたいと思っている一攫千金派の人たちは、手持ち資金を何十倍、何百倍、何千倍に増やそうとハイリスク・ハイリターンを好みます。インターネット上にも、「100万円を1億円にした！」などという実体験が語られていたり、暗号資産（仮想通貨）やFX（外国為替証拠金取引）、株式投資、不動産投資などで1億円以上稼いだ人が、「億り人」などと呼ばれて、もてはやされたりしています。

何らかの投資によって、100万円を1億円にすることは不可能ではありません。ただし、その確率はものすごく低い。統計データがあるわけではないので正確には分かりませんが、私は、現在の銀行預金の金利と同じくらい、0・00数%ではないかと考えています。

あなたがこうした一攫千金派なら、残念ながら、この本はあなたの役には立ちそうもありません。書店で立ち読みをしているなら、そっと本棚に戻してください。

この本で紹介するお金の増やし方は、私がこれまでに実践してきた投資法です。私は、自分が額に汗して稼いできたお金をハイリスクにさらしてまで大金を手にしたいと思ったことはありません。したがって、一攫千金派の期待にはまったく応えられないのです。

ちなみに、「ハイリスク・ハイリターン」というのは、ハイリスクをとれば、ハイリターンを得られるという意味ではありません。ハイリスクをとったら、ハイリターンが得られるかもしれないという意味です。ちなみに「ローリスク・ローリターン」はリスクの低い商品に投資した場合には、低いリターンしか絶対に得られないという意味です。念のため。

◉投資は自分の性格に合った方法を選ぶ

それでは、私の投資法がどういうものかと言えば、ある程度のリスクを取りながら、それでも無理をせず「地道に」お金を増やしていく方法です。なぜ私が投資を考えたかというと、後にも詳しく説明しますが、この国自体のリスクが高くなっているので、せっかくがんばって稼いだお金を政府や日銀の危険な政策でなくさないようにするには、どうすればいいかということを考えたからです。投資で儲けるというよりも、自分のお金を守るにはどうすればいいかということが最初だったのですが、思ったよりもリターンが出ているので自分でも驚いているくらいです。

ローリスクではありませんが、うまく投資すれば、ミドルリスク・ミドルリターンを得られるというのが私のイメージです。でも、現実には結構高いリターンが得られています。どの程度のリスクをとるのか、とれるのかは、その人の性格にもよります。リスクに弱い人が過度なリスクをとると、夜も眠れなくなって心や身体を壊すことがあります。お金を増やすために、人生において大切な健康を害してしまっては元も子もありません。

逆に、リスクに強い人が定期預金しかできなければ、それが強いストレスになって不満がたまって体調不良になることも考えられます。したがって、自分の性格に合ったリスクをとることを心がける必要があるのです。

本書で紹介する私の投資法は、イチかバチかというバクチのような過度なハイリスクの投資ではありませんが、ある程度のリスクはあります。ただ、夜も眠れなくなるほどではもちろんありません。少し心配するくらいです。それくらいが「ちょうどいい」と思う人たちで、日本の将来にリスクを感じていて、「普通の金利では満足できない」人たち向けの本ということになります。ある意味、ミドルリスク・ミドルリターンです。

そして、もうひとつ条件があります。**余裕資金で投資することです。**来年子供を学校に入れるためのお金などは余裕資金ではありません。少なくとも4、5年間程度は使わないお金での投資が大前提です。できれば10年程度の余裕は欲しい。私の投資方法は長期投資が大原則で、かつ、リスクもゼロというわけではなく、ある程度のリスクはとりますからね。

◉目指すのは「10年で2倍」

ミドルリスク・ミドルリターンの投資法だと聞いて、こんな質問が頭に浮かんだ人もいるかもしれません。

「それで、どのくらいお金が増えるの？」

私の答えは次の通りです。

「10年で2倍」

いかがでしょうか。「10年もかけて、たった2倍か！」と思った人もいれば、「10年で2倍になるなら悪くない」と思った人もいるのではないでしょうか。私の場合には、ここ10年ちょっとで、得た配当を除いて約2・6倍です。

１００万円を1億円にすることは、私にはできませんが、10年で５０００万円を1億円にすることは、それなりに高い確率でできると思っています。

金融の世界には「72の法則」と呼ばれる法則があります。これは、資金を2倍にするのに複利の金利がいくらだと何年かかるかが、次の計算式で分かるというものです。

72÷金利≒年数
たとえば、金利が5％なら、72÷5＝14・4となりますので、資金を2倍にするのに14年半ほどかかるということです。金利が10％なら、72÷10＝7・2となり、7年ちょっとで資金が2倍になります。

では、10年で2倍にするための金利は何％でしょうか。年数から金利を知りたいときは、72÷年数≒金利で計算すればよく、72÷10＝7・2ですから、金利が7・2％であれば、10年で資金は2倍になります。本当かどうか、資金１００万円で計算してみましょう。

1年め：１００万円×１・０７２＝１０７・２万円
2年め：１０７・２万円×１・０７２＝１１４・９万円
3年め：１１４・９万円×１・０７２＝１２３・２万円
4年め：１２３・２万円×１・０７２＝１３２・１万円

5年め：132・1万円×1・072＝141・6万円
6年め：141・6万円×1・072＝151・8万円
7年め：151・8万円×1・072＝162・7万円
8年め：162・7万円×1・072＝174・4万円
9年め：174・4万円×1・072＝187・0万円
10年め：187・0万円×1・072＝200・5万円

見事10年で200万円を超えました。このように金利で増えたお金をそのまま全額再び投資に回すことを「複利運用」と言います。

これで、年利7・2％で複利運用すれば、資金を10年で2倍にできることが分かりました。7・2％で複利運用できれば、10年で2倍になるということは覚えておいてください。ただし、今の日本はゼロ金利です。こんな金利の定期預金や債券は円ベースでは絶対にありません。金利が低い中で、先ほどの複利計算はなかなか役に立ちません。ある程度リスクをとって「投資」するしかないのです。その方法は、私の場合には、

「相場全体が下がったときに、優良企業の株を、割安で買う。そして、長期保有する」ことです。それも日本そのもののリスクが高いですから、海外で活躍する日本企業の株を買うことなのです（これは後で詳しく説明します）。

◉株のバーゲンは、ニュースが教えてくれる

1つめのポイントが、「相場全体が下がったときに」です。多くの人は、株価が上がっているときに「株を始めてみようかな」と思います。

「日経平均が30年半ぶりに3万円を突破」といったニュースを見ると、まだまだ上がりそうで、自分も株を買えばその波に乗って儲かりそうな気がするからでしょう。

また、こうしたときには、「上昇する流れに乗り遅れるな」「株を買うなら今がチャンス」といったあおりの声も聞こえてきますので、なおさら株を買いたくなるのです。

しかし、こうした株価が上がっている局面で株を買ってしまうと「高値づかみ」をしてしまうことが多々あります。実は、株を買ったところが株価のピークで、その後は株価がだんだん下がってしまい、売るに売れなくなってしまう危険があるのです（私は1980

年代後半の「バブル」の時代を銀行員として経験しています。89年末の日経平均株価は38915円で、多くの人がすぐに4万円になると思っていました。しかし、30年以上経ってもそうはなっていません)。

こうなると、含み損を抱えたまま「塩漬け」にしておくか、どこかで思い切って「損切り」するか。どちらにしても、株式投資としては失敗です。

みなさんが、何万円、何十万円するような高価なものを買おうとするとき、どのような買い方をするでしょうか。多くの人は、高価なものを買う予定があるときは、暇を見つけて売り場に行き、様々な商品を実際に見て、触って、素材や価格などもチェックしておいて、バーゲンセールのときに「これだ！」というものを買うのではないでしょうか。

株もこれと同じように買えばいいのです。株のバーゲンセールは、広告は出ませんが、ニュースになります。

「日経平均株価、○日連続で下落」

「○○ショックで株価が暴落！」

こうしたニュースを一度や二度、見たり聞いたりしたことが誰にでもあるはずです。

最近で言えば、「コロナショック」がありました。2020年2月ごろから日経平均株価が下がり始め、3月に入って暴落しました。

こうした株価が暴落したときこそ、株のバーゲンセールなのです。何しろ、それまで1万円だった株価が半値、50％オフの5000円になったりするのですから。

たとえば、旅行業大手のHISの株価は、2020年1月、3000円台でした。それが3月には1200円程度まで下がりました。海外への渡航禁止などで旅行のキャンセルが相次ぎ、こうした状況がコロナ禍の間ずっと続くと考えられたため、HISの株価が約6割も下がったのです。

このコロナショックという株のバーゲンセール時に、HISの株を株価1200円で100株買っていたとしたら、現在どうなっているでしょうか。2021年11月現在、株価は2600円前後ですから、2倍以上の26万円になっています。

逆に、3000円のときに高値づかみしていたら、いまだに含み損を抱えています。

これは非常に分かりやすい例ですが、**「買いどき」を見極めることが株式投資において非常に重要**であることが分かると思います（HISの株を薦めているわけではありません。念のため）。

いずれにしても、株価が大きく下げるときには、優良株も値を下げます。その時がチャンスなのです。

◉「優良企業」の株を「割安」で買う方法

2つめのポイントが、「優良企業の株を」です。せっかくバーゲンセールで株価が安いときに株を買ったとしても、その企業の業績が回復しなければ、株価も回復しません。

つまり、当たり前のことですが、株のバーゲンセールだからと言って、どの企業の株を買っても儲かるわけではないのです。

やはり、高価なものを買うとき、日頃から売り場に行って、品物を見て、触って、素材や価格などもチェックしておいてからバーゲンセールで買うように、日頃から企業の「安全性」や「収益性」「将来性」などを調べておいて、バーゲンセールで買いたい「優良企業」をあらかじめ、いくつか選んでおく必要があります。

株のバーゲンセールは、残念ながら、いつ開催されるかを前もって知ることは誰にもできません。だから、突然やってくるバーゲンセールに備えて、**日頃から「企業分析」を行い、あらかじめ優良企業をいくつか「狙って」おくことが大事になります。**私の場合には、優良企業で、かつ、海外で活躍している企業の株式を買うことが多いです。また、あとで説明する「配当利回り（一株あたり配当額÷株価）」が良い株を買います。配当利回りの高い会社は優良企業であることが多いからです。

3つめのポイントが、「割安で買う」です。「○○ショック」級の大バーゲンセールで株を買うときは、分析をするまでもなく株価が割安であることが多いですが、小さなバーゲンセールのときは、企業によっては株価が割高な場合もあります。

特に、人気の高い企業の株は、人気の分だけ常に株価が割高になっています。相場全体が下がっていても、人気がある企業の株価はあまり下がっていないことがあるのです。

逆に、相場全体はバーゲンセールでないにもかかわらず、ある特定の企業や、ある特定の業種の企業の株価だけが下がることもあります。スーパーの「限定特別セール」みたいなもので、理由は様々ですが、ある企業、ある業種だけが株価を下げることがあるのです。

こうした際には、その株価が割安なのか、それとも割高なのかを見極める必要があります。この見極めのために行うのが「株価分析」です。

株価分析を行い、株価が割安のときに買えば、その割安の原因が解消されたとき、企業の業績が回復したとき、株価は間違いなく回復します。

優良企業を見つける企業分析と、株価が割安かどうかを見極める株価分析については、第４章で詳しく解説します。

◉アマチュア投資家がプロに勝てるものとは？

最後の４つめのポイントが、「長期保有する」です。私の投資スタンスは、長期投資が基本です。なぜなら、**アマチュア投資家が、プロ投資家に勝てるのは、「時間」だけだから。**これは非常に大事なことなので、肝に銘じておいてください。

プロの投資家は、私たちの知らないような情報を大量にもっています。それら大量の情報を専門的に分析する能力もあります。つまり、情報収集能力も分析力も違うのです。また、プロの投資家が使っているコンピュータでは、千分の1秒単位で計算できる特別なものまであります。

このように、何をどう比べても、プロのほうがアマチュアよりも圧倒的に有利なのが、株式投資の世界なのです。しかし、たった1つだけアマチュアのほうが有利なことがあります。それが時間です。

プロの投資家（機関投資家のファンドマネージャー）は、短期間で成果を求められます。

一般的には四半期ごと、つまり3カ月ごとに成果を評価されます。評価の比較対象は、株価指数。日本なら東証株価指数（ＴＯＰＩＸ）や日経平均株価で、これらの株価指数を上回る成果を四半期ごとに出すことがプロの投資家には求められています。

このため、「〇〇ショック」などで株価が大幅に下がるときには、少しでも損を小さくするために、プロの投資家は持株を一斉に売ります。この結果、下げが下げを呼ぶことになり、株価は必ずその企業の実力よりも過度に下がります。上がるときは、株価指標に負けないように一斉に買います。

アマチュア投資家は、**この株価が過度に下がったバーゲンセールのときに買い、四半期ごとに成果を評価されることもないので、そのまま長期保有すればいいのです。**そして過度に上がったときに売るのです。

言い換えれば、**買いどきさえ間違わなければ、買ったあとは「ほったらかし」にしておいても、10年経てば資金が2倍になるかもしれないというのが私の投資法です。**

もちろん、私の所有している株でも、2倍以上になった株もあれば、ならなかった株もあります。ただ、買いどきを間違えなかったため、損が出ている株はほとんどありません。

◉ゼロ金利時代に利回り3％の株がある！

株を長期保有することのメリットはいくつかありますが、ここでは2つ指摘しておきたいと思います。

1つは、手数料が少なくて済むこと。株式を売買するときには、手数料がかかりますが、長期保有なら買ったときに手数料を払うのと、何年後か、何十年後かにその株を売るときに手数料を払うのと、合計2回だけです（儲かっていれば、利益に税金はかかります）。短期売買を行う「デイトレーダー」に比べれば、格段に支払う手数料が少なくて済みます。

長期保有のメリットの2つめは、「配当」です。株式投資と言うと、安く買って高く売ることで得られる「キャピタルゲイン」を狙うのが主流ですが、私はそれに加えて、毎年3％程度の配当を得ることを目指しています。

詳しくは4章で述べますが、配当利回りが3％を超える企業の株を長期保有していれば、毎年3％の利回りが得られます。ゼロ金利時代に3％の利回りは大きいですし、資金を10年で2倍にするためには年利7・2％が必要と述べましたが、配当で3％程度を得られれば、そのハードルはかなり低くなります。

ですから、投資候補となる優良企業を選ぶ際には、配当にも注意を払い、配当利回りが3％以上の企業を選ぶようにしています。

配当の源泉は利益ですから、毎年、高い配当を出せる企業は、それだけの利益を毎年あげているということです。毎年利益を出せる企業は、経営の安定性が高いと言えますので、この点でも長期投資の投資先として向いているのです。

◉「チャンスの女神」は必ずやって来る

「相場が下がったときに、優良企業の株を、割安で買う。そして、長期保有する」という私の投資スタンスの4つのポイントについて述べました。

私は現在、16の上場企業の株式を保有しています。購入したのはすべて、2008年のリーマンショック後です。売った株は、2021年9月現在、まだありません（1銘柄だけは、TOBにかかったのでその際に売りました）。

リーマンショック直後に買った株は、保有してから10年以上経ちました。そうした株を売っていないので、利益が確定したわけではありませんが、現在の株価と比べると、先にも述べたように投資資金の2・6倍以上になっています。さらに配当も得ているので、それを加えると3倍以上になっていると思います。

私は、リーマンショックの数年前から、「日本リスク」を回避するために株式投資を行うことを考え始めました。日本リスクについては、のちほど詳しく述べますが、かんたんに言えば、日本政府が先進国中、対名目GDP比で最悪の財政状況に陥っていることや誤った金融政策で、自分が汗水垂らして稼いだお金（日本円）の価値が大幅に減少するリスクを恐れたからです。

リーマンショック前からいくつかの株式投資先を検討していたため、大きく株価が下がったリーマンショックを株式の大バーゲンセールととらえて、株をいくつか購入しました。

「相場が下がったときに、優良企業の株を、割安で買う」ことができたわけです。

2020年にもコロナショックというバーゲンがあったように、**10年に1度か2度は、株式を買う好機がやってきます。その好機が来る前に万全の準備をしておくことが何よりも重要です。**そして、小さな波ならもっと多くあります。

「チャンスの女神には前髪しかない」と言われるように、チャンスをつかむことができるのは、準備が整っている人だけです。本書を読んで、いつチャンスの女神がやって来てもいいように日頃から準備をしておいてください。それができれば、あなたもきっと、チャンスをつかむことができるでしょう。

本書では、お金を増やすために、こうした株式投資の方法だけでなく、投資に回すお金はそもそもどういうお金であるべきか、投資資金をどう稼ぐのか、といったことについても私の考えを述べます。

また、経営指標を分析する企業分析とはまた違った角度から、**どのような業種や業界に将来性があるのか、ないのかなど、ニュースや街角ウォッチングを通して投資のヒントを得る方法についても述べます。**

人間には、左脳と右脳があります。お金を増やすためには、この両方をフル回転させたほうがいいと思うのですが、とかく株式投資では指標などの数値の分析に目が行きがちです。

そこで、数字が苦手な人でも、努力次第で株式投資で成功できるように、本書では数値の分析は最小限に抑えています。もちろん、「まったく数字を使わない」というわけにはいきませんが、お金を増やすためには、自分ならではの独特の感覚を活かすことも非常に大事だと考えています。

ぜひ、自分ならではのお金の増やし方を見出し、つくりあげていってください。本書がその参考になれば、著者としてとても嬉しく思います。

「新時代の堅実なお金の増やし方」もくじ

プロローグ　私の投資スタンス　4つのポイント　3

第1章 お金を増やすために欠かせない知識

第2章

お金を増やすために不可欠な「稼ぐ力」と「貯める力」

第3章　投資する前に知っておきたい 経済の最新知識

もくじ

第4章 「確実に増やす」ための株式投資法

第5章

新時代の投資のヒントの見つけ方

エピローグ 「お金を増やす」は手段。あなたのやりたいことは何か？ 245

編集協力：坂田博史
ＤＴＰ：横井時雄

第1章

お金を増やすために欠かせない知識

◉老後に必要な金額は「十人十色」

「お金の増やし方」に興味のある人の多くは、お金に何らかの不安をもっている方もいれば、お金に不安はなくても、やはり余裕のある暮らしをしたいという方もいらっしゃると思います。もう少し言うと、老後のお金に不安があるから、お金を増やせるものなら今からでも少しずつ増やしておきたいと思っている方も少なくないのではないでしょうか。

2019年、「老後2000万円問題」が結構大きな話題になりました。これは、金融庁の金融審議会「市場ワーキング・グループ」が、「老後30年間で公的年金だけでは約2000万円が不足する」という試算を発表したことに端を発します。

「65歳までに2000万円も貯金できない」と思って不安になった人も多かったはずです。その一方で、「2000万円では、老後資金として全然足らず、豊かな老後は送れない」といった批判もありました。

私は、「いくらあれば豊かな老後が送れるか」は人それぞれなので、ひとつだけの正解はないと思っています。「普通の生活」にしても、「豊かな生活」にしても、人によってそれぞれ違います。私の母はもう8年前に亡くなりましたが、父の遺した年金の月額17万円で、庭の花づくりや家庭菜園などをしながら、私から見ると私よりもずっと精神的にも豊かな生活をしていました。だから、必要な金額もまた当然違います。つまり、「豊かさ」の感覚がそれぞれ違うため、**豊かに暮らすために必要な老後資金は人によってまったく違うのです。**

また、現役世代でも年４００万円の収入で楽しく暮らしながら貯金できる人もいれば、年１０００万円の収入があり、それを全部使っても「まだまだ豊かな暮らしとは言えない」と思う人もいます。

したがって、「自分の老後資金がいくら必要か」は、**それぞれが自分の現在の生活費と、老後にどういった暮らしがしたいかをよく考えて、自分で算出するしかありません。**

老後に必要な金額は「十人十色」なのだということの確認がまず必要です。

◉暮らしをグッと楽にする方法

ただ、１つだけ言えることがあります。それがこれ。

「平均よりも少し収入が多くなると、暮らしはグッと楽になる」

たとえば、500ミリリットル入りのペットボトルが150円だとしましょう。この150円という価格設定は、平均的な収入の人を基準に決められています。収入が高い人には200円、収入が低い人には50円といったような価格設定は行われていません。

これはペットボトルに限ったことではなく、多くの人が普段の生活で必要とする「生活必需品」の多くの値段は、平均的な収入の人の購買力を基準に自然に決まっているのです。このため、平均的な収入よりも高い収入を得ている人は、生活必需品の対価を支払っても、いくらかのお金が残ります。逆に、平均的な収入よりも低い人は生活必需品の対価を支払い続けていると、どこかでお金が足りなくなります。だから、低収入の人は生活が苦しくなるのです。

だとすれば、**標準的な所得よりも少しでも多く稼げれば、無茶な生活をしない限り、豊かに暮らせるということです。**逆に、標準よりも稼ぎが少ないと、最低限必要な支出というものがありますから、途端に生活が苦しくなります。稼げる、稼げないというのは、時の運もありますし、その人の人間性とは何ら関係ありません。ですから、本当に生活が苦しい人たちに対しては、行政が所得の再配分を行うのは当然のことです。

他人よりも少しだけ豊かに暮らそうと考えることは、私は大事なことだと考えています。なぜなら、**大金を手にしたばっかりにトラブルに巻き込まれ、大変な思いをした人たちを私はこれまでにたくさん見てきたからです。**お金をめぐって家族や親族が大もめにもめることも多々あります。でも、少しばかり収入が多いと生活が楽になることも事実です。

もし、あなたが一般の平均年収よりも現在の収入が低いなら、まずは平均年収を超えることを目指してみてはいかがでしょうか。それだけで、暮らしがグッと楽になり、お子さんの学習環境を変えたり、趣味の世界にもう少しお金を使えたり、寄付することができたり、見える世界がガラッと変わる可能性があります。

ちなみに、厚生労働省の「国民生活基礎調査の概況（2019年）」によれば、世帯年収の平均は、552・3万円で、中央値が437万円です。中央値とは、調査人数の真ん中の人、101人なら51番目の人の金額です。平均よりも中央値が低いということは、多くを稼ぐ人が平均値を引き上げているからです。

◉まずは「余裕資金」を稼ぐ

プロローグで、10年で5000万円を1億円にすることは十分可能だと述べましたが、それにチャレンジするためには5000万円の「余裕資金」が必要です。

私は、投資に回す資金は、必ず余裕資金でなければならないと考えています。余裕資金とは、生きるのに必要な生活費や子どもの教育費などを除いた、すぐに必要とはならない余裕のある資金のことです。近いうちに家を買いたいと考えているなら、そのための購入資金は預金に回し、投資に使うべきではないでしょう。

こうした生活費や教育費などの、なけなしのお金で投資を行って、もし失敗したら人生が台無しになってしまいます。そんな大きなリスクをとってまで投資を行うことに、私は賛成できません。

つまり、お金を増やすためには、私は素人の人は長期投資が大前提だと考えていることもあり、増やす元手となる余裕資金が必要不可欠だということです。この元手となる余裕資金は、相続財産などが手に入らない限り、自分で稼ぐしかありません。稼いだお金で生活をし、将来のために必要な資金を計画的に貯める。それ以上に余ったお金があれば、それが余裕資金となり、はじめて投資に回すことができるお金になります（ただし、相続財産など、自分の努力で稼いでいないお金については、どうしても大切にしない傾向があることも現実です）。

お金を増やすためには、「稼ぐ力」と「貯める力」と「増やす力」の3つが必要なのです。そして、これら3つの能力を同時進行で養って上げていくことを目指してください。

稼ぐ力は、お金を増やすためのベースとなる能力です。稼ぐ力が上がれば、それだけ投資に回せる余裕資金が増えます。余裕資金が100万円なら、2倍にできても200万円ですが、余裕資金が1000万円あれば、2000万円にできるかもしれません。同じ2倍でも、100万円増えるのと、1000万円増えるのとでは大違いです。

ですから、まずは余裕資金を稼ぐ力を向上させることが最優先になるのです。

◉お金を増やすための3つの力

お金を増やすためには、「稼ぐ力」と「貯める力」と「増やす力」の3つが必要になりますが、お金を稼ぐ力がないと、貯めることも、増やすことも難しくなります。ですから、**まず養うべきは稼ぐ力です。**

また、お金を稼ぐ力と、貯める力、増やす力は、それぞれ違った能力で、稼ぐ力があっても、貯める力がない人は案外多くいます。浪費癖のある人たちです。稼ぐ力があって、貯めるのも上手だけれども、増やすのが下手という人もいます。増やし方を知らないことが大きな原因でしょう。

大事なのは、お金を増やすためには、稼ぐ力と貯める力、増やす力の3つが必要で、どれか1つでも欠けると、お金はなかなか増えないということです。

お金を稼ぐ力が最初に必要となる能力で、これについては次の第2章で詳しく述べます。

次に必要となるのが貯める力で、稼ぐ力があっても、貯める力がないと、増やすための元手となる余裕資金がつくれません。年収1000万円でも貯金がゼロという人は実際にいます。お金を増やしたければ、貯める力を養う必要があります。これについても、第2章で述べます。

そして、元手となる余裕資金が少しでもつくれたら、そこから増やす力を養うことにチャレンジできます。増やす力については、第4章で詳しく述べます。

最初に、稼ぐ力をつけ、その上で（それと同時にでももちろんかまわないですが）、貯める力→増やす力という能力を養うことになります。3つの力を順次にアップしていくことを目指してください。

3つの力のうち、1つが欠けてしまうだけで、お金の増えるパワーがみるみる減退してしまいますので、3つの力をバランス良く同時に養うことが大切になるのです。

3つの力がそれぞれパワーアップしたとき、安定してお金を増やせて、10年で資金を2倍にできる投資環境が確立できます。

◉時間をかけて「相場観」を養う

稼ぐ力と貯める力の向上によって余裕資金が生み出せたからと言って、最初からその全額を投資に回すのは得策ではありません。

もらった退職金を元手に、いきなり数百万円あるいは千万円という単位で株式投資を始める人がいるようですが、こうした人たちの多くは投資に失敗しています。なぜでしょうか。

定年退職した人たちは、間違いなくビジネス経験豊富な人たちです。ただ、こうした人たちであっても、株式投資を行ったことがないため、株式投資に関する「相場観」が備わっていないからです。

「相場観とは何か？」と聞かれても、私にも答えるのが少々難しいのですが、何事でも、ある程度、長期間見続けること、やり続けることでしか得られない「○○観」というものがあると私は考えています。

株式投資においても、株式相場を長く見続けること、さらに実際に自分で株を買って相場を見続けることによってしか体得できない相場観というものがあります。

ですから、お金を増やす段階で最初に行うべきことは、この相場観を養うことになります。

私の場合、大学を卒業して銀行に入ったため、東証株価指数（ＴＯＰＩＸ）や日経平均株価は、そのころから現在まで40年以上見続けています。日本を代表する大企業の株価も、その当時からときどきチェックしていました。株式投資も、少しですが長年やっていました。

プロローグで述べたように、本格的に株式投資を考え、投資を開始したのは２００８年のリーマンショック後からです。ただし、企業の分析などは、それは仕事であった部分もあるので、それ以前からもちろんやっていました。

たとえば、２００７年当時、トヨタ自動車の株価は、当時の最高値を記録し、８０００円を突破していました。そのころから私は株価をチェックしていたので、リーマンショックによってそれが３０００円台まで下がったときに、これはバーゲンセールで買いどきだと判断して買いました。このときトヨタの株を買えたのは、私なりの、企業の分析力と、相場観がすでに養われていたからだと思っています（その後トヨタの株式は5分割されています）。

◉みんなが恐怖心を抱いているときに買えるか

「投資の神様」と呼ばれるウォーレン・バフェットは、次のようなことを言っています。

「みんなが恐怖心を抱いているときに買い、みんなが楽観しているときに売る」

私は、リーマンショック後に買った株をまだ1銘柄も売っていないので、前半の買う部分だけを私流に言い換えると、「新聞などの株式欄を見たくないときに買う」となります。自分の持っている株の株価が下がっていて、さらに下がりそうで株式欄を見たくないときが、実は株の買いどきなのです。

しかし、投資の神様にこう言われても、実際に株価が急激に下がって、みんなが恐怖心を抱いているときに株を買うのは、かんたんなことではありません。なぜなら、株が急激に下がっているときは、まだまだ下がりそうに思えるからです。

いったん株価が下げ止まっても、また下がり始めることはよくあります。どこが株価の底値なのかは、そのときには誰にも分かりません。私がもうひとつ基準にしているのは、下げ相場でも相場がある程度落ち着いたときです。それは、急激な上げ相場のときも、下げ相場のときも、市場全体の出来高が増えますが、それがある程度落ち着いたときに買うのです。これも普段から相場の動きとともに、出来高もチェックしておく必要があります。

いずれにしても買いどきだと判断して、あらかじめ選んでいたお目当ての株を買うためには相場観が必要で、最後は自分なりの相場観を信じて買えるかどうかなのです。

また、私はそもそも株を底値で買おうなどとは思っていません。**「頭と尻尾はくれてやれ」という投資格言があります。**これは、株価が一番安いときに買おう、一番高いところで売ろうと思っても、そんなことは神様でない以上、実際には誰にもできないのだから、頭と尻尾は誰かにくれてやればいいくらいに思っていたほうがいいといった意味です。

自分なりのしっかりとした相場観と、この「頭と尻尾はくれてやれ」のちょっとした心の余裕があれば、みんなが恐怖心をいだいているときであっても株は買えると思います。

◉最初の投資は数万円から

株式投資の相場観を養うためには、株式相場を長期間見続ける必要があります。長期間見続けるためには、株式相場に関心を持ち続けなければなりません。この関心を長く持ち続けるための一番良い方法が、実際に株を買うことです。

株を買えば、その買った株の株価が気になり、それ以前よりも株価に関する情報に数多く触れたくなり、自らチェックするようになります。不思議なもので、「当事者」になると、株を買った企業の情報だけでなく、それ以外の気になる企業の情報にも敏感になりますし、株価全体のニュースや株価に影響を与える経済のニュースなどにもアンテナが立つようになります。

つまり、ただ株式相場を見続けていても見えてこないことが、実際に株を買って株式相場を見続けていると見えてきます。それまでとは、また違った株式相場や市場の姿が見えてきて、それが相場観を養うことにつながるのです。

身銭を切っていないと、どうしても他人事になってしまい、当事者意識が育たないという側面が人間にはあるのではないでしょうか。

相場観を養うためには、実際に株を買うことが大事になりますが、**最初の株式投資は必ず少額で行ってください。間違っても、最初から何百万円もの株を買ってはいけません。**それは、相場観が養えてからと肝に銘じてください。

現在は、「ミニ株」などと呼ばれる少額投資の方法が証券会社によっていろいろあり、

1万円でも株式投資ができます。こうした方法で始めるのも良いですし、株価が比較的安く、数万円や数十万円で買える企業の株の中から投資先企業を選定するのも良いでしょう。大事なことなので繰り返します。相場観を養うためには、実際に株を買うことが大事になりますが、金額は絶対に少額から始めてください。

それでは、相場観はどのくらいの期間で養えるのでしょうか。これは、その人の株式投資への関心の度合いや努力によって変わります。ただ、少なくとも最初の投資から1年間くらいは、投資額を抑えることをおすすめします。

金額を増やすのは、それからでもまったく遅くありませんし、**あくまで株のバーゲンセールのときに買うのが、私たちアマチュア投資家の勝ち筋です。**そのときまでに、しっかりとした相場観を養っておけばいいというぐらいに考えてください。

◉痛い目に遭ってはじめて一人前

投資の世界は、プロの投資家が圧倒的に強い世界で、アマチュアがかんたんに勝てる世界ではありません。ゴルフのように下手な人にハンデをくれたりはしませんし、アマチュアだからといって「知らなかった」で許されるような甘い世界ではありません。非常に厳しい世界なのです。

言い換えれば、投資の世界は、何度か痛い目に遭ってやっと一人前になれる世界だと言えるかもしれません。かく言う私も、若いころに痛い目に合いました。少額だったので助かりましたが、相場観もまったくなく、興味や関心だけで株を買ったわけですから、今の私から見れば痛い目に遭うのが当然です。

相場観を養うための投資を少額にするのは、痛い目に遭ったとしても、少額であれば傷が浅くて済むからです。傷が浅ければ、それだけ治りも早く、立ち直ることもできます。

他方、退職金を数千万円もらい、それを1億円にしようなどと考えて、いきなり株式投資に大金をつぎ込んで痛い目に合ったらどうなるでしょうか。大切な老後資金を失うという深い深い傷を負うことになります。

だから、相場観を養うための投資はまずは少額に抑えておくべきなのです。

もし、退職金をもらったときに、本格的に株式投資を行いたいのなら、少なくともその10年前くらいから少額で株式投資を始め、少しずつ金額を増やしながら相場観を養っておくことが必要不可欠だと思います。そうでなければ、いずれにしても、小額から始めることです。

◉為替の相場観も養おう

株式投資の相場観に加えて、もう1つ養ってもらいたいのが為替の相場観です。私は、先にも述べたように、日本リスク――日本円の価値の暴落に備えるために株式投資を始めました。このため、海外で稼いでいる日本のグローバル企業への株式投資とともに、外貨建ての投資信託もいくつか買って保有しています。

こうしたグローバル企業の株式や外貨建ての投資信託を買うのであれば、為替相場の相場観も養っておくことが必須になります。とくに、ドル＝円相場です。外貨建て投資信託を買うつもりがない人でも、グローバル企業は為替の変動で利益が大きく増減しますので、為替の相場観を養っておいて損はありません。

私は、アメリカのＲＥＩＴ（不動産投資信託）を持っていますが、買ったのはリーマンショック後の２００９年、１ドルが１００円を切っていた円高のときです。

なぜ、このときに買ったのかと言えば、円高のときに買って、その後円安になれば、為替でも儲けることができるからです。

過去40年間のドル円相場の推移（1USドル）

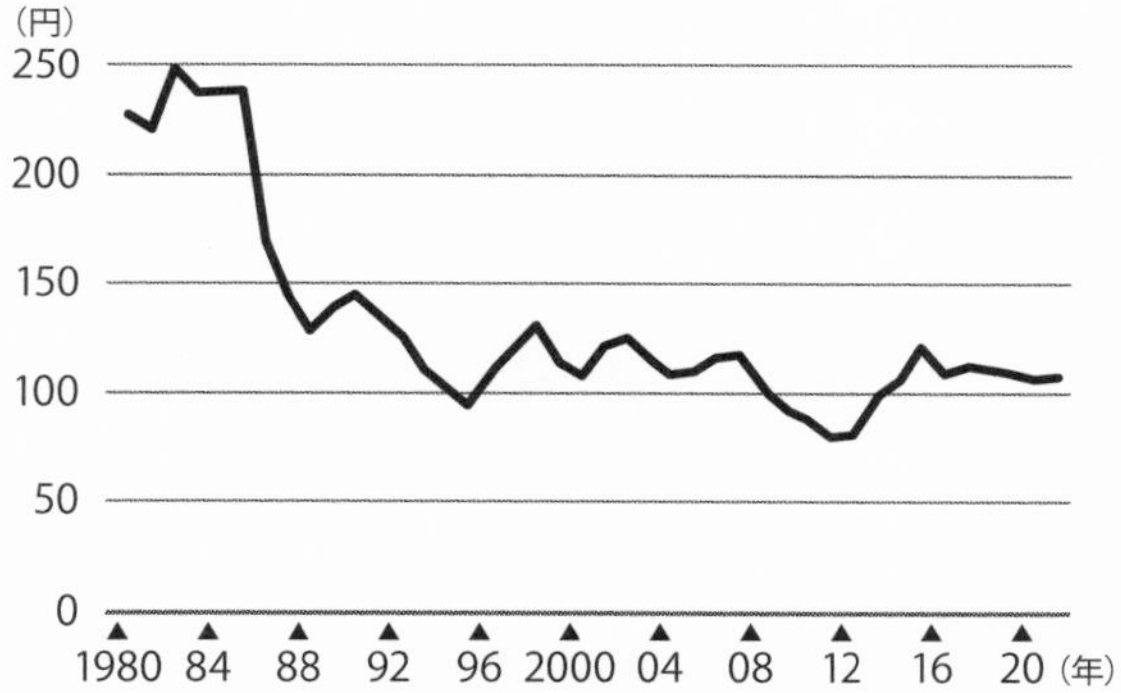

※年間の平均レート。2021年の数値は1月〜最新月の平均レート

逆に、円安のときに買って、その後円高になってしまうと、為替で損をしてしまいます。そうなれば、外貨建ての投資信託の儲けが減ってしまいますし、最悪の場合、為替と投資信託のダブルで損が出ることも十分にあり得ます。

こうした最悪の事態を避けるために、円高のときに外貨建ての投資信託を買ったというわけです。これができたのも、私なりの為替の相場観があったからです。

私は銀行員時代の一時期、為替のディーラーをやっていました。駆け出しのディーラーでしたが、売買の実体験に基づいた為替の相場観が比較的若いときにつくられており、それが外貨建て投資信託を買うときに役立ちました。

私が為替ディーラーをしていた1980年代前半、為替は1ドル240円前後でした。それが1985年のプラザ合意後、1ドル200円を切り、あれよあれよという間に1ドル150円になるのを見てきました。

その後も為替を見続けている経験から言えば、1ドル100円を切れば円高で、80円を切ったら大バーゲンセールだと思って間違いありません。ただ、1ドル100円を切ることは今後もあるかもしれませんが、80円を切ることはもうないかもしれません。なぜなら、日本の国力が落ちているからです。

為替は様々な理由で動きますが、基本的には経済力や政治力、軍事力などを含めたその国の国力を反映して変動します。それとも関連しますが、金利差も大きく影響します。円高が進んだ1980年代後半や90年代前半は、日本経済がある程度強かった時代です。もちろん、リーマンショック直後の世界同時不況時などのように、それ以外の要因で円高がすすむときもありますが、基本はその国の相対的国力である「ファンダメンタルズ」によると私は考えています。

「失われた30年」が過ぎましたが、経済力をはじめとした日本の国力は復活するどころかいでしょうか。

衰退する一方です。そうであるならば、今後は円安になると考えるのが常識的なのではな

◉過去40年間の価格の変遷を知っておく

相場観を養うためには、長期間見続けることが大事だと述べましたが、それは過去についても同じです。為替の相場観を養うためには、先ほど述べた過去約40年間くらいの円ドル相場の変遷を知っておくことが不可欠です。

同様に株式投資の相場観を養うためには、日経平均株価の過去40年間の変遷を知っておくと良いでしょう。

それでは、1980年代前半の日経平均株価はいくらだったでしょうか。私の記憶が確かなら、8000円前後でした。この本を書くに当たって調べてみたところ、1982年が7000円台、1983年が8000円から9000円台でした。

ほぼ当たっていたと言ってもいいでしょう。なぜ40年近く前の株価を覚えているのかと言えば、銀行に入った1981年の翌年だったと思いますが、上司と賭けをしたことがあったからです。

過去40年間の日経平均株価の推移

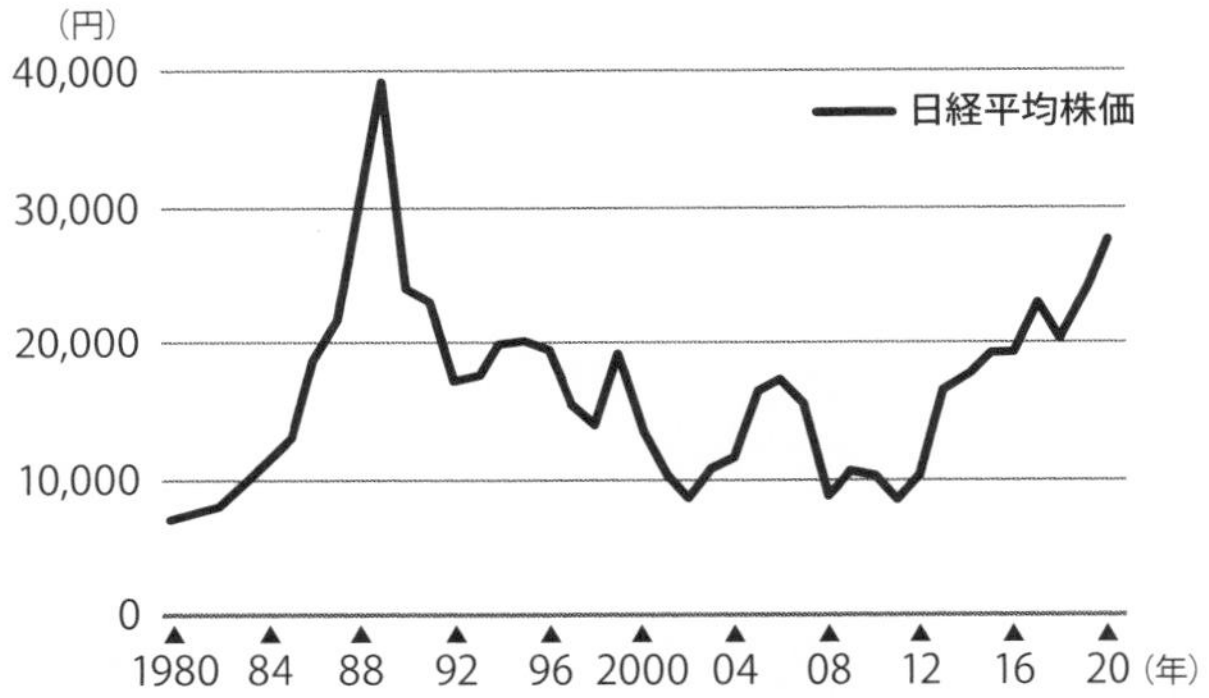

※各年12月末の終値

その賭けとは、「日経平均株価が1万円になるのと、アメリカのNYダウ平均株価が1000ドルになるのは、どちらが先か」というものです。

どちらに賭けたのかも、自分が勝ったのか、負けたのかも覚えていませんが、この賭けをしたことだけはよく覚えているので、そのころ日経平均株価は1万円の手前で、NYダウ平均株価は1000ドルの手前だったこと、そしてその後、日経平均株価が1万円に到達するのと、NYダウ平均株価が1000ドルに到達するのが、ほぼ同時期だったことはよく覚えているのです。

その後の変遷についても述べておくと、日経平均株価は1万円を突破後、10年かからず89年暮れに約4倍となる38915円まで上がりました。4万円直前です。史上最高値をつけてからもう30年以上経っているわけです。

それからバブル経済が崩壊し、翌90年に2万円台まで下がります。1万円を切ったのが、アメリカ同時多発テロが起きた2001年9月。その後は1万円台で推移していましたが、リーマンショックによって2008年10月、再び1万円を切り、7000円台にまで下げました。バブル崩壊後の日経平均株価の最安値は、2009年3月10日の終値、7054円98銭です。

その後は、少しずつ上昇し、2021年10月末現在は、3万円弱となっています。細かい数字を覚える必要はありませんが、**日経平均株価の最高値が4万円弱で、その後の最安値が約7000円**だということは、相場観を養ううえで覚えておいたほうが良いと思います。

それでは、NYダウ平均株価は、同じ40年間にどのような変遷をたどったのでしょうか。こちらは、同時多発テロの影響やリーマンショック、コロナショックなどによって下がる時期が何度かありましたが、基本的には右肩上がりです。

過去40年間のダウ平均株価の推移

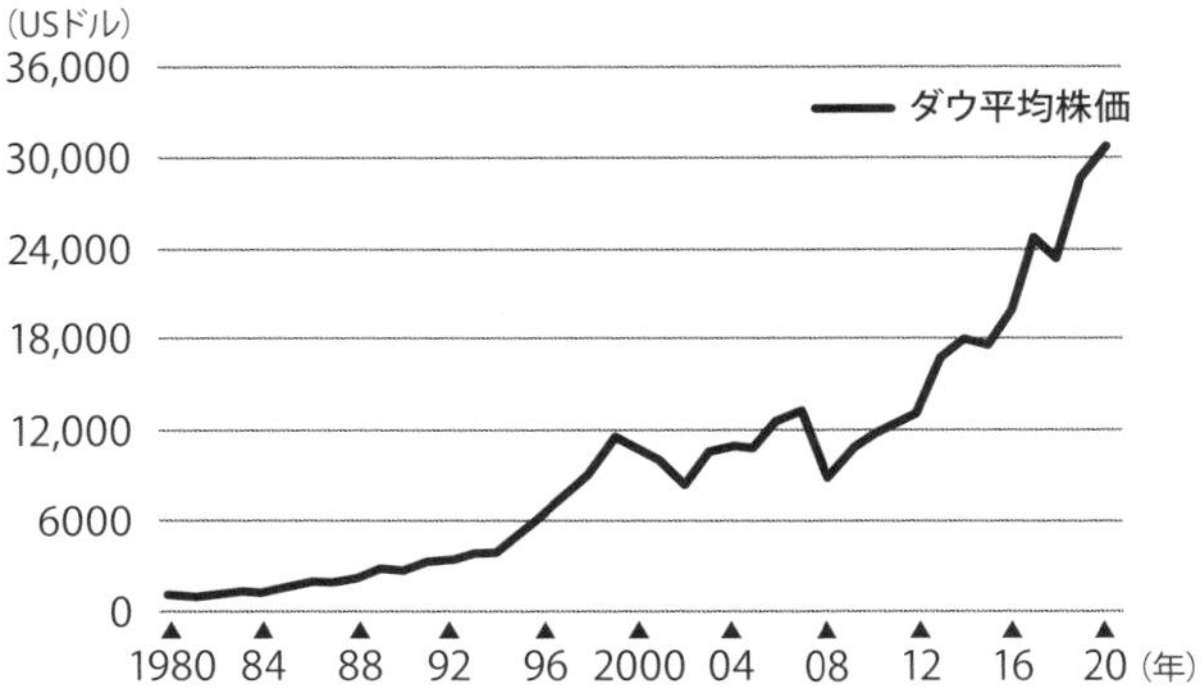

※各年12月末の終値

２０２１年10月末現在、ＮＹダウ平均株価は約３万６０００ドル前後。40年前のＮＹダウ平均株価が約１０００ドルでしたから、３万６０００ドルは36倍です。

これに対して、日経平均株価は、この40年間で1万円から3万円へと3倍になったに過ぎません。どちらに投資をしたほうが良かったかは言うまでもないでしょう。そして、今後、どちらに投資をしたほうが良いかも、自ずと分かるのではないでしょうか。

◉60歳で2000万円貯めるには？

本章の最後に、少し頭の体操を行ってみたいと思います。

アメリカでムーブメントを引き起こし、現在、日本でも広がりつつある「FIRE」をご存じでしょうか。FIREは、Financial Independence, Retire Earlyの頭文字で、直訳すると、「経済的自立・早期リタイア」となるでしょうか。

これまでにも早期リタイアブームは何度かありましたが、また、若い世代を中心に再燃しているようです。ただし、FIREは「経済的自立」ということが大前提となり、ただ単に、「早期リタイア」すればいいというものではありません。

FIREでは、早期リタイアするために、25年間分の生活費を貯蓄することを目指しています。1年間の生活費が400万円だとすると、25年間分でちょうど1億円になります。この1億円を貯めるために、現在の生活費をギリギリまで削って貯蓄率を50％以上に上げることや、貯金を投資に回して年間利回りを4％以上にすることなど、様々なことがFIRE実現のための方法として語られています。

私はすでに60歳を超えていますし、働く幸せを感じているので、70歳くらいまでは働きたいなと思っていますので、早期リタイアに興味はないのですが、読者の中には、特に若い人たちの中には、早々に経済的自立ができるだけのお金を貯めて早期リタイアしたいと考える人もいることでしょう。

また、老後資金にいくら必要かはさておき、ある程度まとまった老後資金を貯めたいと考えている人が読者の中には多いのかもしれません。

そこで、頭の体操をかねて、私なりに少し考えてみたいと思います。

20代のときに稼ぎながら、貯めながら、相場観を養い、30歳で300万円の余裕資金ができたとします。それを10年で2倍にしていくと次のようになります。

30歳のときの余裕資金300万円
40歳のときの余裕資金600万円
50歳のときの余裕資金1200万円
60歳のときの余裕資金2400万円

いかがでしょうか。実際には、10年で2倍にならないこともあり得ますが、これなら「老後2000万円問題」には対処できそうです。あなたが20代なら30歳までに300万円の余裕資金を貯められれば、30代なら40歳までに600万円の余裕資金を貯められれば、60歳のときに2000万円以上の財産をつくることは、それほど不可能なことではないと思えるのではないでしょうか。もちろん、10年で2倍に増やすことができたら、という条件付きではあります。

◉60歳で1億円の財産をつくるには？

今度は逆に、60歳までに1億円の財産をつくるためには、10年で2倍にできるとして、何歳でいくらぐらい余裕資金が必要になるのかを計算してみましょう。

60歳のときの余裕資金1億円
50歳のときの余裕資金5000万円
40歳のときの余裕資金2500万円
30歳のときの余裕資金1250万円

30歳までに1250万円の余裕資金をつくるためには、高度な稼ぐ力と貯める力が必要ですが、非現実的というわけでもないでしょう。

あるいは、40歳までに2500万円の余裕資金をつくって60歳までに1億円にすることを目標にして、稼ぐ力、貯める力、増やす力の3つの力をバランス良く向上させていくというのも、なかなか面白い挑戦のように私には思えます。

現実には、子どもの教育費や住宅ローンなどもあり、難しい方も少なくないかもしれません。それでも、もし目標には到達できなかったとしても、それなりに豊かな老後を送るだけの財産をつくることはできそうです。

もちろん、これらの試算は机上の空論に過ぎません。ただ、**ざっくりとでも「目標の金額」と「そこに到達できるプロセス」を考えて理解しておくことはプラスにこそなれ、マイナスになることはないでしょう。**

ただただ不安になって預金通帳を眺めていても、お金は増えません。こうした試算をもとに自分なりの目標金額を決め、その目標に向かって、やるべきことを当たり前のようにやり、一歩一歩着実に進んでいくことが大事なのではないでしょうか。大切なことは、稼ぐ→貯める→増やす、です。そのための生活の見直しも必要な場合があります。

長期投資ですから、良いときもあれば、悪いときも間違いなくあります。それでも安全に、確実に、地道にお金を増やすことができ、60歳までにひと財産つくれるのだとしたら、10年で2倍を目指す投資法も、悪くないのではないでしょうか。

第2章

お金を増やすために不可欠な「稼ぐ力」と「貯める力」

◉1250万円貯める稼ぎ方とは?

お金を増やすためには、元手となる余裕資金が必要になります。この余裕資金をつくるために絶対に必要不可欠なのが「稼ぐ力」です。

前章の最後に、30歳までに1250万円の余裕資金をつくることができれば、60歳で1億円の財産がつくれるという試算を紹介しました。

では、30歳までに1250万円の余裕資金をつくる稼ぎ方とは、どのようなものでしょうか。

答えは2つあります。1つは、給料の高い企業に就職、あるいは転職すること。稼げる仕事に就くことができれば、当たり前ですが稼げます。就職するなら、転職するなら、稼いでいる業種や企業を選ぶことです。

働く人にとっての転職、企業にとっての中途採用は、珍しいことではなくなりました。昔のように新卒で入社した企業で働き続けて定年を迎える人のほうが、これからは珍しくなるでしょう。ですから、最初に給料の高い企業に入れたから一生安泰ということでもありません。誰にでも稼げる企業への転職の可能性があります。

年収500万円で毎年200万円ずつ余裕資金を貯められれば、6年半で1250万円貯まります。5年で貯めたければ、毎年250万円ずつ貯めるということです。ただし、税金や社会保険料などの支払いもありますから、これはよほど節約しないと難しいでしょう。年収が500万円以上なら、もっと早く貯められるかもしれません。

また、年収が500万円よりも低く、今は、年収500万円以上の企業への転職も難しいという人もあきらめる必要はありません。そういう人は、病気になるほど働くのは論外ですが、メチャクチャ忙しく働けばいいのです。そうすれば、実力も上がり、転職のチャンスも増えます。メチャクチャ働く人を欲しい企業はいくらでもありますので、その後、転職するのも選択肢の1つです。

では、なぜメチャクチャ働くとお金が貯まるのでしょうか。

理由は簡単で、**メチャクチャ働いていると、忙しくてお金をつかう暇がないからです。**さらには、仕事が好きになる可能性も高く、昇進のチャンスも増えます。つまり、メチャクチャ忙しく働くことで、貯める力が上がるのです。もちろん、先にも述べましたが、病気になるほど働くのは論外で、また、家族や友人たちとの時間を持つことも必要なことはいうまでもありません。お金は幸せになるための手段ですからね。

まず、1年めの貯蓄額の目標は100万円。1年間で100万円貯めることができれば、目標を達成した充実感や、「自分もやればできるんだ」という自信が生まれます。2年めは150万円、あるいは200万円を目標にするといったように、貯める目標金額を少しずつ上げていけば、時間は少し長くかかるかもしれませんが、確実に余裕資金を増やすことができます。

これは1人の収入での計算ですが、結婚して夫婦二人が共働きでお金を貯めれば、もっと早く1250万円を貯められます。

つまり、**余裕資金をつくるためには、「一生懸命働く習慣」と「少しずつ貯める習慣」の2つがとても大事**になるのです。いずれにしても、稼ぐ→貯めるです。

◉AIに勝る「思考力」、ロボットにできない「実行力」

私のこれまでの40年以上にわたるビジネス人生の経験から言わせてもらうと、稼ぐ人には必ず次の2つの能力が備わっています。

それが、**「思考力」と「実行力」**。

著名な経営学者であるピーター・F・ドラッカーは、21世紀は知識社会になると予見しましたが、その通り、まさに知的社会になっています。「知恵」の時代だと私は思っています。

20世紀前半は、道路や鉄道、上下水道、ガス、電気、通信などのインフラ施設が未整備だったため、資本にものをいわせて大きくなった企業の経営者が大金持ちになりました。

一方、知恵の時代では、**資本がなくても知恵がある人が金持ちになれます。**マイクロソフトの創業者ビル・ゲイツにしても、アマゾンの創業者ジェフ・ベゾスにしても、テスラの創業者イーロン・マスクにしても、まず知恵を使って、これまでにない製品やサービスを新しく生み出し、それで資本を集めて、企業を大きくしたことで大金持ちになりました。まず知恵ありきだったのです。

また、ＡＩ（人工知能）やロボットがさらなる進化を遂げれば、現在、人間が行っている仕事のいくつかは間違いなくＡＩやロボットが担うようになります。そうした時代に、「どうやって稼いでいくのか」を考えると、人間ならではの知恵が重要になることは明白です。

そして、知識や知恵を活かすことが、思考力なのです。そして、それに実行力が加われば、鬼に金棒なのです。ＡＩにはできない人間ならではの思考力を高め、思考の成果を実現するために、ロボットにはできない人間ならではの実行力を高めることができれば、必ずや知的社会で稼ぐことができます。

知的社会で求められるのは、知恵を出せる人です。年功序列は崩れつつあり、若くても知恵を出せる人は稼げる時代です。ただし、知恵を出すだけではダメで、それを実行できることも同時に求められます。

稼ぎたければ、給料の高い企業に就職、あるいは転職することだと述べました。もちろん、自社で昇進して給料を上げるのも良い選択肢です。もちろん給料だけでなく、働きがいも大切です。働きがいがあって給料も高い仕事に就ける可能性は誰にでもあります。その可能性を高めるのは、ひとえに自分の能力――思考力と実行力です。

例外は当然ありますが、総じて世の中は平等で、能力に見合った給料がもらえるようになっています。ただし、どのような能力を伸ばすかも考えなければなりません。朝から電車の中でゲームをしているようでは、ゲームのクリエーターなどなら別ですが、多くのビジネスパーソンに必要な能力は上がらないでしょう。そんなことで稼げるほど世の中は甘くありません。ですから、稼ぐ力を向上させるためにも、**仕事で役立つ自分の能力を高める努力を怠ってはならないのです。**

◉どの企業でも不足している2つの人材

現在、多くの企業で求められているにもかかわらず、不足している人材が2つあります。

1つがＩＴ人材。自社の業務のシステム化ができる人材——自社の業務内容を十分に理解していて、それをシステム設計に活かせる、仕様に変えられる人材は、どの企業でも欲しいと思っています。

言い方を変えると、企業がやりたいことをシステム化のために言語化できる人材です。私は銀行員時代、システム開発を担当していたことがあり、その経験から言えば、言語化できるものはシステム化できます。システムのことが分かり、かつ、論理的に業務を言語化すれば、システム化できます。この言語化できるために必要なのが論理的な思考力なのです。

システムの基本知識をひと通り身につけたうえで、業務の仕様書を細かく書ける人材がどの企業でも求められていますが、こうした人材はいるようでいません。

ＩＴ人材の育成と言うと、プログラミング教育が盛んに行われていますが、プログラミング能力はシステム化能力とは関係が強いものの、また別の能力です。プログラミング能力の高い人材ももちろん求められていますが、プログラミングは外注することも可能なため、**企業にとってより重要なのは内部の業務を正確に論理的に言語化し、システム化できるIT人材なのです。**

◉3つの勉強で経営人材を目指せ

多くの企業で求められているにもかかわらず、不足している人材のもう1つが、経営人材です。

一部の大企業は、経営人材の不足を補うべく、経営人材の育成に積極的に取り組んでいます。潜在能力が高い人たちに対して、何年もかけて育成を行い、役員候補に育てていきます。こうした経営人材の育成を、私たちがお手伝いしている企業も何社かあります。もちろん、外部からスカウトすることも盛んに行われています。

私は、経営人材になるためには、次の3つの勉強が不可欠だと考えています。

1つは、**外部環境の変化を見極めるために、「新聞を毎日よく読む」こと。**新聞を読んで世の中のことを2次元、3次元で理解している人が非常に少なくなっています。それは、新聞をきちんと読んでいる人がほとんどいないからです。紙の新聞である必要はなく、新聞記事を全部読む必要もありませんが、見出しであれば小さな見出しまで全部に目を通す。大きな記事はリード文（冒頭の数行）だけでもいいから必ず読むこと。これを毎日繰り返すことが、経営人材への第一歩となります。

「会社」という字は「社会」の反対です。どんな会社も社会の流れに勝てません。新聞を毎日よく読むことは、積み重ねてようやく少しずつ効果が出てくることなので、1日やったからといって何も変わりません。ただ、3カ月続けば変わってきます。

◉経営の原理原則を学ぶ方法

経営人材になるための勉強の2つめは、**「経営の原理原則を理解する」こと。**経営を実際に行うためには、経営の原理原則の勉強は必須です。と言っても、何か特別に難しいことをする必要はありません。経営の原理原則を理解するためには、それが書かれた本を読めばいいのです。そして、それを実際の会社の経営に適応する。実際に経営者でなくても、新聞や雑誌などの事例に適用してみればいいのです。

私の一番のおすすめは、ドラッカーの『マネジメント』（ダイヤモンド社）。経営コンサルタントの大先輩、一倉定先生の本もおすすめです。私の本なら『経営者の教科書』（ダイヤモンド社）を読んでください。

経営の原理原則をよく理解している経営者が書いた本も何冊か読むと良いでしょう。ユニクロを展開するファーストリテイリングの柳井正会長の『経営者になるためのノート』（PHP研究所）は非常に良い本ですから必読です。ニトリの創業者、似鳥昭雄会長の『ニトリの働き方』（大和書房）もおすすめです。

それ以外にも、京セラの創業者稲盛和夫さんや、コンビニエンスストアの生みの親とも言える鈴木敏文さんの本も経営の原理原則を教えてくれる良書です。

こうした人たちが書いた経営に関する本を何冊も読むと、きっとこう思うと思います。

「どの本も、書いてあることは同じだな」

このことに気がつければ、経営の原理原則の基本が分かったと言えます。原理原則ですから、誰が書いても同じなのです。もちろん、書き方や表現の仕方、事例や事象などは、それぞれ違います。柳井さんならアパレルですし、似鳥さんなら家具です。しかし、**経営の本質は業態や業種にかかわらず同じです。**

腕の悪いコンサルタントや、経営が下手な経営者に共通するのは、こうした業種や事例などの「現象」ばかりに目を奪われてしまう点です。そのときどきの現象ばかりに目が行ってしまい、共通する本質や原理原則を見逃してしまう。大切なのは原理原則で、本が違っても、書き手が違っても共通していることにあるのです。

◉何千年もの間、人が正しいと言ってきたことを理解する

経営人材になるための勉強の3つめが、「何千年もの間、人が正しいと言ってきたことを理解する」こと。論語や仏教書、キリスト教の聖書でも構いません。**千年以上読み継がれている古典を読み、その言わんとすることを理解することが経営人材になるためにはとても大切**になります。

稲盛和夫さんはこう言っています。

「ビジネスも人生の一部。だから人生が上手くいくことが大事」

ビジネスで短期的には上手くいっても、長期的に上手くいかない人は、生き方が間違っ

ているからです。何千年もの間、人が正しいと言ってきたことは、人生の成功原則です。

この人生の成功法則を体得したうえで、ビジネスで実践したのが渋沢栄一です。

こすいことを考えないと儲からないと思っている人がいますが、こすいことを考えている人は、こすい人生しか送れません。人のため、お客さまのためにビジネスを行っていれば、お金はあとからついてくるもので、お金が勝手についてくる人生を送らないとならないのです。

私は出張が多く、ホテルに泊まることも多いのですが、自宅にいるときは毎晩、経営の神様と言われた松下幸之助さんの『道をひらく』（ＰＨＰ研究所）を読んでから寝ています。

『道をひらく』には、ところどころに儒教や仏教の言葉が出てきます。

稲盛和夫さんは、65歳のときに京セラの社長を辞め、京都・八幡の円福寺で得度《とくど》されています。

何千年もの間、人が正しいと言ってきたことを理解し、生き方の根幹がしっかりしている人は、ビジネスでも真の意味で成功します。それは間違いありません。

経営人材になりたければ、「新聞をよく読む」「経営の原理原則を学ぶ」「何千年もの間、人が正しいと言ってきたことを理解する」という3つの勉強が欠かせません。そして大事なことは。この3つの勉強を何年も続けることです。

これら3つの勉強を続けていれば、経営人材になれなかったとしても、人生が上手くいきますから、お金もついてきます。ただ、それでも稼げないこともあります。そのときは、「勉強しているのに稼げないいな」と思うのではなく、「勉強が足りないのだな」と思うことです。

考え方をこのように変えることができるようになれば、自然と稼げるようになるのではないでしょうか。

◉賃金格差はますます拡大する

現在、賃金格差が拡がっていますが、この傾向は今後も間違いなく続きます。最低賃金で働く人がいる一方で、年収が何億円、何十億円という経営者がこれから増えてくるからです。

これにともない、1つの企業内でも賃金格差が拡大します。年収1億円以上の経営陣と、年収400万円で定年まで働く社員という格差です。

経営者の賃金が上がるのは、優れた経営者を雇うためです。年収を上げないと、優秀な経営者を雇うことができず、優秀な経営者がいない企業は競争に勝てません。会社全体の成績は経営者で決まるからです。競争に勝てない企業は衰退の一途をたどることになります。

こうした事態を避けるために、優秀な経営者の奪い合いが始まりつつあり、その結果、経営者全体の賃金が高額化することは、ほぼ間違いないと私は考えています。

日本の大企業の経営者や役員の現在の年収は、世界的に見ればそれほど高くなく、これからグローバルスタンダードに合わせて上がっていきます。

現在は、年収10億円以上もらっている経営者のほとんどは外国人ですが、これからは日本人経営者でも年収10億円以上もらう人が出てくるでしょう。それで優秀な若い人たちが日本の大企業の経営者になりたいと思うようになり、日本企業が良くなるのなら安いものです。

現在、一番得をしているのは、儲かっている中小企業の経営者で、なかには業績の良い会社を経営し、年収1億円以上の経営者を私は何人も知っています。こうした事実は、あまり知られていないのかもしれませんが、中小企業の経営者が1億円もらっているのであれば、大企業の経営者が10億円以上もらっても何らおかしくはないでしょう。

以前は、大企業に新入社員として入社し、出世競争を勝ち抜いた人だけが大企業の経営者になれましたが、今はこうした生え抜きの経営者だけでなく、プロの経営者が経営を任される時代になりつつあります。

お金をガンガン稼ぎたいなら、経営者を目指すのも選択肢の1つです。

そのためには、まずは社内で通用する人材になること。社内で通用しない人が、社外で通用することはありません。

企業にとって一番有難い社員は、他社に転職すると給料が上がるけれども、「この会社が好きだから」といった理由で転職しない人です。逆に、他社に転職すると給料が下がるような人は、現在の会社でもいらないと思われている可能性が高いでしょう。

「中小企業は給料が安い」と言われています。全般的には確かにその通りだと思いますが、中小企業のなかにも給料の高い企業はあります。

逆に、「大企業は給料が高い」と言われますが、生産性の低い大企業は給料が年々安くなっています。中小企業のなかでも、大企業のなかでも、二極化が進み、今後も賃金格差が拡大していくことになります。

稼ぎたい人は、「大企業か、中小企業か」で就職や転職を考えるのではなく、**「稼いでいる企業かどうか」そして、「自分が活躍できるかどうか」で判断する**ことが何よりも大事になります。

◉お金を稼ぐ人の共通点

稼ぐ人は、思考力と実行力がある人ですが、もう1つ共通してもっている特性を挙げるなら、**みなせっかちだということです。**私の知る限り、のんびりした性格の人で、お金を稼いでいる人はあまりいません。

生まれもってお金持ちという人のなかには、のんびりしている人もいるかもしれませんが、稼いでお金持ちになった人は、せっかちな人が大半でしょう。

せっかちな人は、せっかちなだけに時間管理が上手で、時間当たりの生産性が他人よりも何倍も高い傾向があります。

時間は誰にも平等に与えられていて、1日は24時間と決まっています。ですから、その

24時間の使い方で稼げるか、稼げないか、明暗が分かれるのです。「タイムイズマネー」「時は金なり」と昔から言いますが、まさしくその通りで、平等に与えられた時間をどう活用できるか、時間当たりの生産性をいかに上げられるかで稼ぎが決まります。

最初から割のいい稼げる仕事ばかりがくるなどという都合の良いことは絶対にありません。割りの悪い仕事が回ってきたときに、いかに自分なりに工夫をして、自分の時間当たりの生産性を上げるかが大事になります。割りの悪い仕事がきたときこそ、稼ぐ力を向上させるチャンスなのです。また、それ以外の「to do」もできるだけ早くこなすことです。

それほど稼げない仕事を8時間でやる人、6時間でやる人、4時間でやる人がいます。8時間でやる人に比べて、6時間でやる人には2時間、4時間でやる人には4時間、別の仕事、あるいは別の何かをする時間が生まれます。

「人は与えられた時間で、すべてのことをする」と言われていますが、与えられた時間を全部、ある仕事に使っていたら他人と同じか、他人以下の稼ぎにしかなりません。

仕事の時間を自分が決め、その時間内に仕事をやり終え、残りの時間をどう使うのか。仕事以外の時間も含めて、どのように時間を使っていくのかが問われるのです。私の人生の師匠がおっしゃっていたように「お金も時間も使うもの」ですが、上手に使いたいものですね。

そして、仕事の評価は、アウトプットの量と質で決まります。それらを高められたら、次により難しい、つまり、より稼げる可能性のある、少なくともより評価の上がる仕事がきます。ここがポイントです。割りの悪い仕事であっても、良いアウトプットを続けていれば、割の良い仕事が回ってくる好循環に変わるのです。

「お金に稼がせよう」

こんな調子のいいことを言っている人もいますが、こうした人はまず稼げません。お金に稼がせることを考える前に、まず自分が稼ぐことを真剣に考えるべきなのではないでしょうか。

◉お金を稼げない人の共通点

一番良いのは、外見からはせっかちに見えないけれども、内心はせっかちという人でしょうか。しかし、私の周りは、せっかちが外見からにじみ出ている人たちばかりです。

裏を返せば、稼げない人というのは、せっかちではない人。せっかちではないがゆえに、

1つの仕事にたっぷりと時間をかけてしまいます。だから時間当たりの生産性が上がりません。

また、1つの仕事に時間がかかってしまう人を見ていると、その仕事に取りかかるまでが遅いという共通点があります。新しい仕事に取りかかる前に、何か余計なことを考えているのか、何も考えていないのかは分かりませんが、とにかくすぐに仕事に取りかかろうとしません。スタートが遅ければ、ゴールが遅くなるのは必然でしょう。

そして、仕事が遅いと次の仕事がこなくなります。「仕事は、仕事ができる人、仕事が早い人にやってもらえ」とよく言いますよね。

忙しい人は、忙しいなかでも独自の工夫をして、何とか締め切り期日までにその仕事を終わらせようとします。だから、さらに仕事が早くなり、こなせる仕事の絶対量が増えていき、人からの評価が高まり、仕事ができる、稼げる人になります。経験値も当然それだけ早く増えます。

仕事ができれば出世できますし、出世できれば給料も上がり稼ぎが増えます。出世すると、部下も増えますから、チームとしての仕事のアウトプット量を個人のときよりも何倍にも増やすことができます。なおかつ、自分にしかできない仕事に専念できます。自分で全部やらなければならない人に比べて、圧倒的に稼げるわけです。こうした稼げる好循環に入れるかどうかも大事なことです。

◉他人の時間も大切にする

私の友人のなかに、かなりのお金持ちが1人います。この友人は、私に相談があるとき、たとえば、「30分時間が欲しい」と連絡してきます。彼が、約束の時間に遅れたことは一度たりともありません。また、30分と言えば、相談は必ず30分以内に終わります。なぜなら、彼はあらかじめ私に聞きたい項目をきちんとノートに書いてきて質問をするから。それだけ頭の中が整理されているということです。

こうした人は、あまりいません。多くの人は「相談したい」と言って来ても、何を聞きたいのかあらかじめメモしてきません。だから、時間の割り振りもしないし、中には漠然とした話だけして帰る人もいます。

先ほどの友人は、以前は稼いでいる外資系企業の幹部でした。世界中を飛び回っていたときには、時差の関係もあって1日で世界をほぼ一周したこともあったそうです。それほどまでにムチャクチャ忙しく仕事をしていたから、出世もし、お金持ちになれたのでしょう。

彼は、現在は自分で事業をやっていますが、相変わらず、**自分の時間の使い方はもちろん、他人の時間の使い方も非常に上手で大切にします。**相談時間が30分なのは、せっかちだからというだけでなく、相手の時間をもらうにしても、最小限に抑える配慮からでしょう。時間を上手に使う人は、自分の時間だけでなく、他人の時間に対しても注意を払い、大切にしているということです。

◉お金も時間も使うもの

先にも述べたように、私の人生の師匠である藤本幸邦老師は、よく次のように言っていました。

「お金も時間も使うもの」

こう言って、お金に使われていないか、時間に使われていないか、日頃の行動に対する反省を促してくれました。

お金がない、お金がないと言ってお金のために働いている人は、お金に使われていると言えるでしょう。お金を一定以上持っていても、四六時中、お金のことばかり考えている人も、お金に使われていると言えます。

忙しい、忙しいと言っている人は、時間に使われています。「忙」という字は、心を亡くすと書きます。時間に使われてしまうと、大事な心が死んでしまうのです。

お金も、時間も、自分がコントロールすること、自分が使うことが大事で、使われているうちは、稼げる人にはなれません。

1時間なら1時間、これをやると決め、必ず1時間以内に決めたことをやり切る。そうすればアウトプットがきちんと出ます。もちろん、質が低いのは論外ですが、これを繰り返すことが、時間に使われる人から時間を使う人になる確かな方法です。

◉ケチな人に価値はない

「お金も時間も使うもの」なのですが、だからと言って、ものをたくさん買うことが、お金を使うことになるとは限りません。私は、お客さんの経営者によくこう言います。

「物をもてあそべば志を失い、人をもてあそべば徳を失う」

これは中国の故事ですが、私もこの通りだと思っています。何事もバランスが大事で、お金を使わないのも良くありませんが、使いすぎるのも良くありません。

儒家の始祖、孔子や弟子たちの言葉がまとめられている『論語』には、次のような一節があります。

「子曰、如有周公之才之美、使驕且吝、其餘不足觀也已」（子曰く、もし周公の才の美ありとも、驕《おご》りかつ吝《やぶさ》かならしめば、その余は観るに足らざるのみ）

「周公」とは、孔子が尊敬していた周公旦という政治家のことで、「驕《きょう》」は、お金があれば何でもできると考えるような傲慢な態度を指し、「吝《りん》」はケチという意味です。

周公ほどの才能があったとしても、驕り高ぶり、他人に対して何も与えずケチであったなら、その人には何の価値もない。孔子はこう言っているのです。

お金持ちの人のなかにもケチな人はいます。ただ単に使えばいいということではありませんが、儲けているのに、あまりにケチケチすると、世の中にお金が回らず進歩しません。お金があるからと次から次へとものを買うのも感心しませんが、あまりにケチって使わないのも良くありません。お金を適正に使うには、バランスが大事になるのです。

◉お金は良い仕事に対するご褒美

そもそも、少し儲けたぐらいで、でかい面をして、肩で風を切る人がいますが、それは正しい生き方を知らないと言えるのではないでしょうか。

だから、何千年もの間、人が正しいと言ってきたことを勉強する必要があるのです。

孔子の時代から人間は同じところでつまずいています。何千年もの間、人が正しいと言ってきたことを勉強すれば、こうした人間がつまずきやすいポイントを知ることができます。大事なところでつまずくことがなくなれば、お金だって集まってきます。

金儲けは、目的ではありません。手段であり、結果です。良い仕事をした結果、ご褒美としてお金がもらえるのです。そして、その手に入れたお金を適正に使えるかどうか。最後は自分の生き方です。

他人から後ろ指を指されることもなく、ある程度のお金が稼げて、人や世の中のためにもある程度のお金を使い、それを増やして幸せに暮らせたら、それで十分なのではないでしょうか。悪いことをしてまでお金を儲けても仕方がありません。

松下幸之助さんや稲盛和夫さんに対して、私利私欲で金儲けをしたと言う人はいないでしょう。それは、正しい生き方をしていたからです。でも、結果的にはお二人とも大金持ちです。

人は他人の私利私欲には関心がありません。いくら儲けようが、いくら金持ちになろうが、そんなことに興味がある人はいません。多くの人たちが興味を抱くのは、自分たちの生活を今よりも向上させてくれる良い製品や新しいサービスです。

こうした**良い製品や新しいサービスを社会に提供すれば、多くの人たちが賞賛してくれ、そのご褒美としてお金が集まってきます。**この単純なことが分かるかどうかなのです。

ビジネスが儲かるのは、誰かの役に立つからです。デイトレーダーは、税金を多額に払ってくれれば別ですが、誰の役にも立っていません。そんなことに時間を使うぐらいなら、少しでも社会に役に立つことをやる。そうすればお金を稼げます。

プロの投資家であっても、全員が儲けられているわけではありません。数多くある投資ファンドが全部運用に成功しているわけでもありません。

お金を稼ぐのも、お金を運用して増やすのも、世の中に貢献したご褒美なのだと思えるようになれば、お金ぐらいついてくると私は思っています。

こうした考え方がしっかりできていれば、悟って禅寺のお坊さんのように暮らすのは難しいにしても、十二分に幸せを感じながら心豊かに暮らせるのではないでしょうか。

◉足るを知ってはいけないこと

「足るを知る」とよく言います。何でもかんでも欲しがるのではなく、分をわきまえて満足するということを知っておくといった意味で、確かに、あれが欲しいこれが欲しいといった物欲や所有欲、名誉欲などは、足るを知ることが大切だと私も思います。

しかし、自分の能力を伸ばすことや社会に貢献するといったことは、足るを知る必要はありません。

ところが、多くの人は、逆のことをやっています。自分の能力を伸ばすことや社会に貢献することは、早々に足るを知ってやめてしまうのに、お金が欲しい、肩書きが欲しいなどと、こうした欲に関しては足るを知りません。

「物欲や所有欲については、足るを知らない一方で、自分の能力を高める、社会に貢献するほうだけ足るを知っていませんか」

私は、経営者たちには、こう言っています。**「自分の能力を高める、社会に貢献するほうで足るを知らずに挑戦し続ければ、お金もそれにともなって入ってきますよ」**。

にもかかわらず、もっと儲けたいとか、高級車に乗りたいなどと、他人から見たらどうでもいいことに固執するからおかしくなるのです。

お客さまが喜んでくれる製品やサービスをつくることが大事で、それができればお金は入ってきます。この至極当然のことが分からないから上手くいかないのです。

上手くいかないことが続くと、人間は向上心を失ってしまいます。日本では、マクロ経済の衰退から、昔に比べて上手くいく確率が残念ながら下がっています。だから日本人の向上心も下がりがちです。

そして、がんばっても、がんばらなくても、同じようにそこそこ生きていけることも向上心が失われる原因です。「GoodはGreatの敵」なのです。

◉「副業」「複業」で稼ぐ

近年、働き方は大きく変化を遂げていますが、そうしたなかで、「副業」や「複業」を認める企業が徐々に増えています。副業は、本業に対しての副業で、複業は複数の仕事をすることです。

以前は、本業に悪影響が出ることを嫌って副業や複業はもちろん、アルバイトさえ認めない企業が大半でしたが、多種多様な経験が積める、人脈が広げられるといったメリットもあることから、認める企業が増えています。

こうした時代の変化を活かして稼ぐことも考えられます。

本業でしっかり稼げるようになることが大前提だとは思いますが、本業以外の仕事に若いときからチャレンジしてキャリアを複線化して稼ぐことも、これからの時代には当たり前になるかもしれません。

では、副業を選ぶ際、どのような仕事を副業として選ぶと良いのでしょうか。

私は、**自分の得意なこと、好きなことを選ぶことが何よりも大切だと考えます。**「儲かりそうだから」「今、ブームだから」といった理由で副業を選んでしまうと痛い目に合うのではないでしょうか。

本業と副業の仕事を同時期に行えば、それだけ忙しく働くことになります。労基法上の制約はありますが、メチャクチャ忙しく働くことで稼ぐ力と貯める力がアップすると述べましたが、副業を持つことで、この状態を自らつくり出すこともできます。

また、忙しく働くことで、自分の得意なこと、自分の強みが見えてくる可能性もあります。メチャクチャ忙しい中でもがんばれるのは、得意だから、好きだからかもしれないからです。

自分に向いていない仕事で稼げるということはまずありません。プロ野球の選手が、野球は嫌いで自分に向いていないけれども、稼げるからやっているなどということがないのと同じです。

自分が好きなこと、自分の得意なこと、自分に向いていることを仕事にする。それが長続きするし、結果的に一番稼げると思います。そして、このことは副業に限らず、本業についても言えることです。

私は独立して会社をつくったころから、実は副業を始めていました。本業は、コンサルタント業で、副業が本を書くことです。私は若いころから文章を書くのが好きで趣味だったため、文章を書くことを副業にして、いくつか小説を書きました。

良い縁に恵まれ、小説を数冊、出版することはできたのですが、残念ながら全然売れませんでした。本は売れてナンボの世界のため、売れないとまったく稼げません。

書いた本が少しずつでも売れるようになったのは、ビジネス書を書くようになってからです。今では150冊以上の著作があり、印税が一番多かったときには、1年間に数千万円入ってきました。本業よりも多かった年があったほどです。

ただ、ビジネス書はそろそろ卒業して、再び小説を書きたいと思っています。私が得意なのはやはりビジネス関連なので、これまでに培ってきた経験や知識をフルに活かした小説を書けば、喜んでくれる読者がいるのではないかと考えています。

◉独立して起業して稼ぐ

まったく万人向けではありませんが、独立して起業するのも、稼ぐ方法の1つです。

起業はなかなか成功しないと言われますが、松下幸之助さんは、ビジネスも人生も自然の理法にしたがえば上手くいくようになっていると著書のなかで述べています。

私もその通りだと思います。自然の理法を知らない、あるいは自然の理法に逆らうから失敗するのです。自然の理法が何かと言えば、「強みを活かすこと」と「正しい考え方、正しい行動」のことです。「正しい考え方」には当然「利他心」も含まれます。

正しい考え方、正しい行動が大事と言われると、聖人君子にならなければならないと思ってしまいますが、そうではありません。正しい考え方、正しい行動が本質で、**世の中が認める強みを活かせるのなら起業しても上手くいくと思います。**

もちろん他社との違いが生み出せることがビジネスにとっては非常に重要なので、それが生み出せる自信があるのであれば、起業に挑戦してみてもいいのではないでしょうか。

私は、1996年1月、独立して小宮コンサルタンツを創業しました。起業から数年間は、メチャクチャ忙しく働くことで家族と社員を食べさせました。

しかし、現在は社員が19人おり、私が社員にある意味、食べさせてもらっています。私もそこそこ働いてはいるものの、以前ほどではありません。私や会社の名前を使ってはいるものの、社員が一生懸命働いてくれるおかげで、会社は稼ぐことができています。

これが上手く続いていけば、私は70歳を過ぎても今の自分の会社から顧問料がもらえ、株主なので配当ももらえます。

起業して成功すれば、こうした稼げる企業をつくることも可能です。

ただし、経営には向き不向きがあり、起業して稼ぐというのは、まったく万人向けではありません。失敗すると、すべてをなくすだけでなく、借金を抱えることにもなりかねません。自己破産もありえます。**くれぐれも自分に向いていることで稼ぐことを考えてください。**

◉退路を準備して、思い切った挑戦をする

起業するなら、「退路を断て」とよく言われます。ただ、私はそうは思いません。なぜなら、起業後にどうなるかは、自分でもまったく分からないので、逃げ道を準備しておくほうがベターだと思うからです。

私が起業した際も、3年がんばってコンサルタント事業が軌道に乗らなければ、いさぎよく会社をたたんで、外資系金融機関にでも転職することを考えていました。

もちろん、退路を断てと言われるのは、そのくらいの覚悟をもって起業しなければ、成功はおぼつかないと言いたいのだということは私も分かっています。それはその通りで、ですから、ちょっと壁にぶつかったくらいで安易に退路に逃げ込んでしまうのは、私も違うと思っています。

それを踏まえるなら、最後の最後の退路は自分なりに準備しておいて、思い切った挑戦

をするのが一番いいのではないでしょうか。

私もそうですが、中小企業の経営者は、オフィスを借りるのにも、コピー機をリースするのでさえも、個人保証を行っています。中小企業の経営者が株式の上場を目指すのは、上場すると個人保証がいらなくなるということもあるからです。

コンサルタント業は、設備投資などの初期投資がほとんど必要ない業種なので、私は借金をする必要がありませんでした。ただ、少なからぬ業種では、起業時に初期投資が必要となり、そのために経営者は借金をすることになります。この借金ももちろん経営者の個人保証です。

したがって、事業に失敗すると、自宅を借金のかたにとられます。

私は独立したとき、貸家に住んでいたのですが、家を買おうとある銀行に住宅ローンを申請しました。しかし、見事に断られました。それは、私の会社が海のものとも山のものとも分からない、実績のない会社だったからです。

銀行がお金を貸す際に見るのは、経営者などではなく、キャッシュフローです。安定して稼げるキャッシュフローを見て、お金を貸すかどうかを決めるのです。

最大限被るリスクのことを「ダウンサイドリスク」と言いますが、家族が路頭に迷うようなことがないように、起業においても、このダウンサイドリスクがどこまであるのかを事前に判断しておくことが不可欠です。

◉年収2000万円、資産1億円なら裕福

私が就職した1980年代前半は、終身雇用が大前提でした。私は銀行員になりましたが、どの程度出世するかで多少の違いはありますが、生涯賃金もだいたい分かりました。メガバンクの銀行員の生涯賃金は、当時、年金まで全部入れて約7億円と言われていました。

今は、実力さえあれば、稼ぐチャンスは昔よりも圧倒的に多くあると思います。チャンスがあるのに挑戦しないのは、挑戦しなくても食べていけるからです。

私の感覚では、年齢にもよりますが1億円持っていたら裕福で、かなり自由に暮らせます。年収なら2000万円あれば裕福でしょう。年収2000万円稼げない人が大半ですが、それでは、なぜ稼げないのでしょうか。

それは、2000万円稼ごうと思わないからです。では、なぜ稼ごうと思わないのか。

稼がなくても生きていけるからです。

「グッド（Good）はグレイト（Great）の敵」で、グッドで満足してしまうと、絶対にグレイトにはなれません。年収1000万円で満足している人は、決して年収2000万円稼ごうとは思わないのです。

私の持論は、「なれる最高の自分になる」です。これは松下幸之助さんの「生成発展」という考え方がベースにあります。「宇宙には、生成発展する法則がある」と、松下幸之助さんは考えました。

「だから自分も生成発展する」と考えるのではなく、「自ら生成発展していくのだ」という気概が大切だと私は考え、それを私なりの言葉にしたのが「なれる最高の自分になる」です。

「どうせサラリーマンなんだから、こんなものでいいか」と適当にやるのか。「お客さまを1人でも多く喜ばせるために、新しいことに自らが挑戦する」と考えて努力を重ねるのか。

前にも述べたように、社会は二極化しています。社内の賃金も二極化が進んでいます。

そうした環境下で、自分はどうした考え方で働くのか。

メガバンクの役員の年収は1億円を超えますが、役員になれずに関連会社に出向した人の定年時の年収は1000万円程度です。およそ10倍違います。

外資系金融機関の役員なら、もうひと桁増えて年収10億円というケースもあるでしょう。こちらも日本のメガバンクの役員と、およそ10倍違います。

こうした違いは、今後、金融業以外の企業にも広がることは間違いありません。それだけ稼ぐチャンスが広がるということです。

◉お金が回って来ないのは誰のせい？

私は経営者セミナーで、よくこう言います。

「今の日本は金融緩和によってお金がジャブジャブに余っている状態です。にもかかわらず、お金が自分の会社に回って来ないのだとしたら、それがなぜなのかをよく考えてみてください」

これだけお金が余っているのに、会社が儲からないのだとしたら、それは会社に大きな問題があるからです。お金がない時代にお金が回って来ないのは仕方がないにしても、お金が余っていて、銀行が貸出先を探している時代にお金が回って来ないのは、自分たちに問題があると考えるべきではないでしょうか。

「あなたに世の中を見る目がないのか。それとも会社が世の中から認められていないのか。お金が稼げないいだけの何か大きな問題があるのではないですか」

経営者セミナーに来ているお客さんに対しては、発奮してもらうためにも、このように少し挑発的に言うこともあります。

日本には、現在、個人金融資産が約2000兆円あります。これを日本の人口約1億2000万人で割ると、1人当たり約1666万円。家族4人なら6664万円の貯蓄があってもおかしくない計算になります。それにもかかわらず、お金が稼げない、貯まらないのだとしたら、それは誰のせいでもなく、自分のせいでもあると考えるべきなのではないでしょうか。

「世間は神のごとく正しい」

これも、松下幸之助さんの言葉です。お金が回って来ないということは、神のごとく正しい世間に認められていないということとも言えます。

逆に、神のごとく正しい世間に認められるということは、神様が応援してくれるということです。神様が応援してくれるのは、他社にはない、お客さまが喜ぶ製品やサービスを提供する会社であり、人なのです。

◉お金を強制的に貯める方法

ここまで稼ぐ力について述べてきましたが、貯める力についてもかんたんに述べておきたいと思います。

貯める力は、意外に見落とされがちで軽視されがちですが、これがないと増やすための元手となる余裕資金がつくれません。

また、まじめにコツコツお金を貯めることは、かんたんにできそうで、なかなかできないという側面もあります。なぜなら、コツコツ貯めるためには、貯める習慣を身につける必要があるためです。

もし、そこそこ稼ぐのに、お金を貯める習慣がなく、預金通帳の残高が１００万円未満なら、今日からでも、お金を貯める習慣を身につける必要があります。習慣ですから、すぐには身につきませんが、始めなければいつまでたってもお金を貯めることができません。お金を貯める習慣がない人が最初にやるべきことは、強制的にお金を貯める環境をつくってしまうことです。

「そんなことが本当にできるの？」と思うかもしれませんが、できます。やり方はいくつか考えられますが、たとえば、「自動積み立て定期預金」を利用する方法があります。

銀行によって名称はいろいろですが、要は毎月一定額を自動的に定期預金に積み立てる制度で、こうした制度は多くの銀行にあります。自分の給料が振り込まれる銀行で、この自動積み立て定期預金を始めれば、強制的にお金を貯めることができます。

定期預金ですから、期間が決まっていて、ゆうちょ銀行の場合、「3カ月」「6カ月」「1年」「2年」「3年」「4年」「5年」があります。金利も付きますが、ゼロ金利時代ですから雀《すずめ》の涙ほどです。したがって、金利には期待せず、ただ強制的にお金を貯めることだけが、自動積み立て定期預金を利用する目的になります。

これ以外にも、毎月一定額を積み立てる方法としては、「個人型確定拠出年金（iDeCo）」や「つみたてNISA（Nippon Individual Savings Account）」もあります。これらの制度については説明を省きますが、毎月一定額を積み立てる制度のため、強制的にお金を積み立てることができます。

ただし、個人型確定拠出年金とつみたてＮＩＳＡは、手数料がかかります。この点で、お金を貯めることだけが目的なら、手数料がかからない自動積み立て定期預金がおすすめです。

◉目標の金額を決めるとお金が貯まり始める

お金を貯める習慣がない人が次にやるべきことは、貯める目標金額とその時期を決めることです。

「散歩のついでに富士山に登った人はいない」

この言葉の通り、目標や計画なしには何事も成し遂げられません。

目標金額が決まれば、そこから逆算して、毎月積み立てる金額が決まります。

たとえば、目標金額を１００万円、時期を1年後としたら、１００÷12＝８・３３３となりますので、毎月積み立てる金額を8万４０００円にすれば、１年後に１００万円が貯まります。

このときよく考えなければならないのは、本当に毎月8万４０００円が強制的に積み立てられても生活ができるかどうかです。

お金を貯める習慣がなく、実際、お金が貯まっていない人は、稼いだお金のほとんどを使っていることになります。そのなかには、もちろんムダな浪費もあるでしょうが、生活に必要不可欠な費用もあります。この見極めが大事になります。

生活に必要不可欠な費用を甘く見積もると貯金額が増えませんし、逆に厳しく見積もると生活が苦しくなります。

毎月積み立てる金額は、年に何回かは変更ができますので、目標金額とその時期も考慮に入れながら自分に合った金額に調整していくのが良いかもしれません。

◉使うお金を制限する

毎月一定額を積み立てる方法に抵抗がある人は、使うお金を強制的に制限することを考えてみてはいかがでしょうか。

たとえば、現金を持ち歩くのをやめてしまう。お金が手元にあるから使ってしまうのだとすれば、物理的にお金を持ち歩かなければいいのです。

では、本当に必要なものはどうやって買うか。すべて電子マネーでの支払いにして、電子マネーに月々チャージする額を決めてそれ以上チャージしないことにすると、当然、それ以上使うことができなくなります。上限額を1カ月10万円にすれば、10万円以上使うことができなくなるというわけです。

クレジットカード決済のみにして、クレジットカードの月々の使用限度額を設定しても、同様に強制的に使うお金を制限することができます。

お金があると、ついつい使ってしまうという人は、こうした工夫で使うお金を制限することを考えてみても良いのではないでしょうか。

◉「自分」を知らないと、お金は貯まらない

せっかく強制的にお金を貯める環境をつくっても、お金の「出」を減らさなければ、お金は貯まりません。

では、どうやって支出を減らすのか。「こうすれば絶対に支出が減らせる」などという魔法のような方法があるわけではありません。自分のお金のつかい方をつぶさに観察して、ムダづかいを減らしていくしかないでしょう。

つまり、自分のことをよく知らないと、お金は貯まらないのです。

自分のお金の使い方を知るかんたんな方法としては、まず1カ月間、何を買うときもレシートを必ずもらい、そのレシートを集めておいて、1カ月後にそれらのレシートを詳細に見るという方法があります。これで、自分が何にお金を使ったのかが分かります。

水道代や電気代、ガス代、通信費などは、毎月、銀行の預金口座から引き落とされるのでレシートをもらうことはできませんが、使用量と引き落とされる金額は、ペーパーもしくはメールなどで通知されるはずです。銀行口座を見ても分かります。こうした金額も、自分のお金の使い方を知るために必ず把握してください。クレジットカードならば、使用明細が来ます。

こうして、**毎月の支出を細かに把握できると、節約できるポイントが見えてきます。**

お金が貯まらない人は、こうした支出の細かい把握がいい加減で、自分が使ったお金の使い道や金額を自分で把握できていないケースが多いのです。

◉節約は「長期の視点」で考える

自分を知り、自分のお金の使い方を知る。これが、お金を貯める習慣を身につけるためのファーストステップだとしたら、セカンドステップは、そこから節約できるポイントを見つけることです。

節約できるポイントを見つけるコツとしては、2つあります。1つは、**支出金額の大きなものから順番に節約できないかを考えること。**極端に言えば、鉛筆一本を節約しても数十円ですが、住居費を節約できたら数万円の節約になります。

人が一生涯で購入するもので一番高いのが住宅で、2番目が生命保険だと言われますが、こうした支出金額の大きなものから順に節約できるポイントを探していってください。

節約できるポイントを見つけるコツの2つめは、**長期の視点で考えること。**

「電気をこまめに消す」というのは、確かに電気代の節約につながりますが、もう少し長期的に見て節約する方法がないかと考えてみます。

たとえば、電気の購入先の会社を代える。電力の小売りが自由化されたことで、現在は様々な企業が電力を販売しています。こうした新規参入組は、旧来の電力会社よりも安い料金でなければ契約がとれません。ですから、電気の購入先を代えてしまえば、長期的に電気代を節約することができます。LED電球は、少し高いですが、これも長期で考えれば節約になります。

携帯電話などの通信費も、同様に長期で節約できる可能性が高いと思います。

また、会社を代えなくても、契約内容を見直すことで長期の節約ができるかもしれません。

「安物買いの銭失い」という故事がありますが、これも長期の視点の欠落を戒めたものでしょう。安いからといって買うと、品質が悪くてすぐに壊れてしまい、また新しいものを買うはめになり、結局、高くつくということです。

多少高くても、良い品質の品物を買えば、大切に長く使うことができます。安いものを毎年買い換えるよりも、結果的に大幅な節約になります。愛着も出ます。

お金が貯まる人は、こうした長期的な視点で「どちらのほうが自分にとって得になるか」を考えているものです。

「わっ、安い！」と衝動買いする前に、「本当に長い目で見て得になるかな」と考えてみることができるようになると、ムダづかいが減って、自分が豊かに暮らすのに必要なものだけを買えるようになるでしょう。

お金を貯める習慣は、一朝一夕には身につきません。大切なことは、あきらめずに継続することです。自分のお金の使い方を把握し、長期的視点で少しずつでも節約していく。

これらを継続して行っていれば、必ずやお金を貯める習慣が身につきます。

第3章

投資する前に知っておきたい経済の最新知識

◉日本人1人当たりの借金額はいくら？

お金を稼ぎ、それを一定金額貯めることができれば、いよいよお金を増やすための元手となる余裕資金が手に入ります。

しかし、余裕資金ができたからといって、いきなり大金を投資してはいけません。前にも述べたように、投資の世界はプロが圧倒的に強い世界です。アマチュアである私たちは、慎重のうえにも慎重を期して投資を始める必要があります。

まずは少額——10万円以内で投資を始めることを私はおすすめします。少額であれば、仮に投資に失敗して痛い目に合ったとしても傷が浅くて済むからです。

そして、この少額投資を行っている間に、経済の基本的な知識を得て、経済をおおまかにでも理解できるようにしてください。その助けとなるよう、この章では、投資を始める前に知っておきたい経済の基本について述べます。

最初にお伝えしたいのが「日本リスク」についてです。これまでにも何度か、日本リスクという言葉を使ってきましたが、これを知らずして投資を始めるのは非常に危険です。

私は、この日本リスクに備えるために株式投資を始めたわけですが、まずは、私が考える日本リスクについて説明しましょう。

私が就職した約40年前、日本国債の格付けは「AAA（トリプルA）」でした。トリプルAは格付けの最上位で、日本国債は世界で最も安全な債券でした。今は「A+（シングルAプラス）」か「A（シングルA）」ですので、上から5、6番目にまで日本国債の格付けは下がっています。

これが何を意味するのか、分かるでしょうか。日本国債の格付けが下がったのは、日本国債の信用度が下がったからです。国債は、かんたんに言えば、国の借金です。国の借金の返済が金利も含めてきちんと行われることに対する信用度が高ければ、格付けが上位になり、返済が行われる信用度が下がると格付けも下がります。

つまり、約40年前に比べて日本国債の信用度が大幅に下がっているのですが、それは、なぜでしょうか。

今のところ債務不履行（デフォルト）の確率は低いですが、日本国債の信用度が下がっている理由は、国債の発行残高があまりに膨大になっているためです。国債は国の借金だと述べましたが、では、日本の借金が現在いくらだかご存じでしょうか。

答えは、約１２００兆円。日本の債務残高は約１２００兆円もあるのです。あまりに金額が大き過ぎて実感が湧かないと思いますが、日本の人口約１億２６００万人で割ると、１人当たり１０００万円弱。**子どもから老人まで、１人が約１０００万円もの借金をしているのが現在の日本なのです。**

国債を発行して国が借金をすること自体は、どの国でも行っていることです。ただ、借金が多額になれば、返済できなくなる可能性が高まるのは、国も、企業も、人も同じです。そこで、その国が借金を返済できるかどうかを知るためによく用いられるのが、その国の名目ＧＤＰ（国内総生産）との比較です。日本のＧＤＰは現在、約５５０兆円ですので、日本はＧＤＰの約２・２倍の借金をしていることになります。これは、先進国では「断トツ最悪」です。

いかがでしょうか。日本国債の格付けが下がっている理由が少しずつ分かってきたのではないでしょうか。国民１人当たり約１０００万円の借金があり、ＧＤＰに対して約２・２倍という先進国中最高の財政赤字を抱えているのですから、日本国債の格付けも下がろうと言うものです。さらに財政が悪化すれば、円の価値は下がり、財政が破綻するリスクもゼロではありません。

◉「日本リスク」とは何か？

日本は近年、デフレ経済からの脱却を目指してきました。日本銀行の黒田東彦総裁が行った異次元の量的・質的金融緩和によって、株価や経済はある程度回復しましたが、その分、日銀が大きなリスクを抱えることになっています。

そもそも、日銀の異次元緩和の目的は、インフレ率2％を実現することでした。しかし、2013年4月の異次元緩和の開始から8年以上が経ちましたが、いまだにインフレ率2％の実現からはほど遠い状況です。

そして、異次元緩和は、現在も続いています。このところはコロナで緩和がさらに拡大しました。日銀が抱えるリスクは今も増え続けているのです。

また、日銀は日本の中央銀行ですから、日本の通貨「円」に対する信用を担保する存在でもあります。その日銀が危機的な状況に追い込まれれば、当然のことながら円の信用が失われてしまいます。つまり、円の価値が低減、最悪の場合には暴落する可能性があるということです。

日本円は、これまでは比較的高い価値を保ってきました。しかし、だからと言って、未来永劫、円の価値を世界が認めてくれる保証はありません。

しかも、日本はこれから高齢化が進み、人口減少が進みます。高齢化率は、もうすぐ30％台に突入し、15歳から64歳の生産年齢人口は急激に減りつつあります。社会保障費のさらなる増加も避けられません。日本経済にとってこれらは間違いなくマイナス要因です。日本国債の格付けは、さらに下がることはあっても、上がることは考えられないでしょう。

これらのことを考え合わせると、つい20年ぐらい前までは考えなくてもよかった「日本自体のリスク＝日本リスク」があることが分かります。**日本経済の将来にある程度大きなリスクがある以上、投資を行う際には、それを考慮に入れておくことが重要になります。**

その具体的な対処方法については、のちほど述べます。

◉銀行預金に忍び寄る「日本リスク」

銀行預金は、最も安全なお金の置き場所だと言われています。確かに、１０００万円までの預金は、その銀行が破綻しても預金保険機構が保証してくれます。

銀行に預けた1000万円がきちんと守られているとしても、1000万円の価値が下がってしまったらどうなるでしょうか。

現在は、1ドル110円くらいですが、これが、円安になって1ドル220円になったら、どうなるかを考えてみましょう（私が東京銀行で為替のディーラーをしていたときは240円台だったことがあります）。

1ドル110円のときに、100ドルの製品を買うには、1万1000円が必要になります。1ドル220円のときに、100ドルの製品を買うには、2万2000円が必要になります。

当然と言えば当然のことですが、円の価値が半減したら、同じ外国製品を買うのに2倍の円が必要になるのです。

したがって、銀行預金の1000万円が守られていたとしても、円の価値が半減すれば、買えるものが半減してしまいます。購買力が落ちるのです。

銀行預金にお金を置いておいても、金利は限りなくゼロですから、ほとんどお金は増えません。増えないだけならまだしも、日本円を日本の銀行に預けることには「日本リスク」があるということです。

私に言わせれば、この日本リスクは、かなりのハイリスクであるため、日本円を日本の銀行に預けることは、「最も安全」どころか、「ハイリスク・超ローリターン」だということになります。

このため、私は最低限必要なお金しか円預金に預けていません。

◉日本の給料が世界的に安い2つの理由

日本はデフレの長期化で、ここ30年間ほど物価が上がらずに下がり続けました。このため、物価が上がっている世界各国の人たちから見ると、現在の日本の製品やサービスは非常に安く感じられます。だからコロナ前、海外から日本に観光客が押し寄せて来ていたのです。

たとえば、箱根の旅館で1泊2食付きで1人3万円も払えば、平均以上の旅館に泊まれますが、これは海外の人たちから見たらかなりリーズナブルな価格です。コロナで多少状況が変わっているかもしれませんが、コロナ前、ニューヨークで3万円払って泊まれるホテルは平均クラスか、それ以下のクラスのホテルでした。しかも、食事は1食も付きません。

海外の人たちが日本に来ると「安い」と感じるということは、逆に、日本人が海外に行くと、何もかもが「高い」と感じるはずです。これは、**それだけ日本の実力がすでに下がっているということを意味しています。**

日本の物価が安いのと同様に、日本の給料も世界的に安くなっています。その理由は主に2つあります。

1つは、1990年代前半から名目GDPが伸びていないからです。名目GDPは、実額のGDPで、給料の源泉ですが、ここ30年間日本の名目GDPはずっと約5兆ドル、500兆円前後で推移しています。このため、日本の大卒新入社員の初任給は、この30年間ほとんど上がらず、最近になって少し上がった程度です。

アメリカ人の給与は、この30年間でおよそ3倍になったはずです。それはアメリカのGDPが約3倍になったからです（ちなみに私が卒業したビジネススクールの卒業後3年後の平均給与は約2千万円です。30歳前後の人たちです）。

中国は同期間でGDPが10倍以上になっています。中国は日本以上に二極化が進んでいますので労働者がみんな給料が10倍以上になっているわけではありませんが、給料全体の総額は30年前の10倍以上になっています。

日本の給料が世界的に安い、もう1つの理由は、先述した通り、円の実力が低下しているからです。世界比較をするときは、基軸通貨であるドルに換算するのが一般的です。

もし1ドル50円だったら年収300万円は6万ドルですが、1ドル100円だったら年収300万円は3万ドルです。つまり、2倍円高であれば、日本円で同じ給与額であっても、ドルでは2倍になります。

1ドル110円前後という現在の為替相場は、私の為替相場観からすれば、特段に円安なわけではありませんが、1ドル80円のときから見れば、3割以上安くなったことになり、その分給料が世界的に見れば安くなったと言えるでしょう。

◉今後は円高？　それとも円安？

通貨の力は、その国のファンダメンタルズ（経済の基礎的諸条件）を含めた国力で決まると見るのが私の基本的な見方です。北朝鮮の通貨を誰も欲しがらないのは、このためです。

1ドル50円だったら日本の生産性はおそらく世界トップで、給料もトップ水準です。しかし、**現在の1ドル110円前後では、生産性も給料も世界的に見れば低水準だということです。**このような世界比較は米ドルで換算されますからね。

私がアメリカに留学していたときは、「ジャパン・アズ・ナンバーワン」と言われていた時代で、日本人だというだけで尊敬されました。留学先のビジネスクールではみんなの前で日本の話をしてほしいと何度も言われ、いろいろな話をしました。

今アメリカに留学している日本人で、日本の話が聞きたいと言われたことがある人が何人いるでしょう。おそらく、あまり言われないのではないでしょうか。

日本はこれからさらに高齢化が進み、人口が減少します。こうした環境下で日本の国力が上がることは考えにくいと言わざるを得ません。だとすれば、今後、円高になる可能性は低く、円安になる可能性のほうが高いと考えるのが常識的です。

円安が進めば、円で給料をもらう人たちの給料は、国際比較ではそれだけ目減りしますので、**今後、日本人は世界的に見て、ますます稼げなくなることが予想されるのです。**

2000年以後、1ドルが130円以上になったことはありませんが、長い歴史を振り返れば、1ドル360円の固定相場の時代もありました。先にも話したように、私が若いときは1ドル240円ぐらいでした。それを考えれば、今後円安が進み、1ドル150〜200円の時代が来る可能性もないとは言い切れません。

こうした円安が急速に進むことは、大きな日本リスクなのです。

◉日本リスクを回避する投資法とは？

「せっかく汗水垂らして稼いだお金の価値が、これからどんどん減っていくかもしれない」

こうした危機感が、私が株式投資を行うことを考え始めた理由です。一攫千金を狙ったわけでも、お金に稼いでもらおうなどとケチなことを考えたわけでもありません。

日本政府の無策や日銀の間違った金融政策によって、自分が稼いだお金の価値がどんどん減ってしまうのは、あまりにも理不尽で悲しすぎるため、何とかそれを自力で防ぐことができないかと考え、株式投資を始めたのです。

日本リスクは、もちろん私だけのリスクではありません。日本円で稼ぐ多くの日本人が抱えているリスクなのです。

これで、読者のみなさんも、ただ稼ぐだけではダメだということが分かったのではないでしょうか。私たちは、稼いだお金の価値が低落する可能性のある日本リスクを回避するためにも投資を行い、なおかつ、手持ち資金を増やすためにどうすればいいのかを考えなければならないのです。

だからと言って、難しいことを行う必要はありません。私の方法は、**日本リスクを回避するために、海外で大きな実績をあげている日本企業の株式に投資する**という実にかんたんな方法です。

たとえば、トヨタ自動車。トヨタグループの世界での販売台数は、コロナの影響もあって2020年度は1000万台を割って約992万台でしたが、そのうち日本での販売台数は約220万台で、20％強に過ぎません。それ以外の約80％はすべて海外です。

こうして世界で稼いでいる企業であれば、日本政府と日銀の失政が続いて、もし金融破綻が起きたとしても、日本円が急激に安くなったとしても、被害を最小限に食い止められます。外貨で稼いでいれば、それを円に換金しなければいいだけだからです。

日本が金融破綻すれば、トヨタの株価も一時的には下がるでしょうが、世界での業績の回復とともに株価は戻る確率は高いでしょう。

世界で業績をあげている日本企業は、当然ながらトヨタだけではありません。日本企業のなかにも世界で稼ぐグローバル企業は数多くあります。

こうした**世界で稼ぐ日本のグローバル企業に投資することで、日本リスクを回避することができます。**具体的な投資先企業の選び方などについては、次の第4章で詳しく述べたいと思います（海外企業にも投資すればいいとも考えられますが、分析が難しいのが私が投資を避けている理由です。それらは投資信託でカバーしています）。

◉日本経済は欧米や中国から周回遅れ

日本リスクと、それを回避するための投資法について述べたところで、日本の現在の経済状況について確認しておきましょう。

日本経済は、コロナの影響で、コロナ以前よりも悪くなりました。ただ、コロナは日本だけでパンデミックを引き起こしたわけではありませんので、経済が悪くなったのは日本だけでなく、世界各国みなコロナ以前より一時的には経済状況が悪くなりました。

ただし、現在の状況は違っています。日本経済は、アメリカと中国から2周遅れ、ヨーロッパから1周遅れという回復状況だと私は見ています。

なぜ日本経済の回復が遅れているのかと言えば、ワクチン接種が欧米諸国や中国よりも大幅に遅れたからです。ワクチン接種が遅れたため、変異株の流行を招いたことと、欧米のような経済の解禁が遅れてしまいました。

この変異株の大流行によって、移動の制限や飲食店の営業時間の短縮などが長引いたため、日本経済の回復が欧米諸国や中国の経済の回復よりも遅れたのです。

岸田政権が誕生しましたが、日本政府の経済政策などを見ても、この遅れを取り戻せるかは不明です。

◉コロナで日本の生産性の低さが露呈

営業時間の短縮やアルコール類の販売禁止などの要請に応じた飲食店に対しては、補助金が支払われています。ただ、大型店舗の飲食店や大規模に店舗展開している飲食店は、補助金だけではまったく足りていません。

しかも、その少ない補助金さえなかなか支払われない状況が続きました。東京都は監査法人に補助金申請のチェックを依頼しており、監査法人は細かく数字をチェックするのが仕事ですから、支払いまでに非常に長い時間がかかったのです。

このように事前チェックに力点を置くよりも、とりあえず申請があれば、申請書通りに補助金を支払ってしまい、事後チェックに力を入れたほうが支払いまでの時間を大幅に短縮できます。

不正に補助金を受給した店や企業に対しては、支払った補助金の2倍以上の金額を賠償させることにすれば、不正受給もそれほど多くならないのではないでしょうか。

さらに言えば、税務申告と企業のマイナンバーが紐付けできていれば、税金を払っている店や企業を最優先に補助金を支払うこともできるはずです。税金を払っている店や企業の補助金の支払いを優先すれば、「税金を払っといて良かった」と店や企業も思うはずです。

税金をきちんと払っている店や企業を優先することに対して、文句をつける人もいないでしょう。

こうした理にかなった対応ができていないのは、そうした発想がないからなのか、システムが追いついていないからなのか。

毎年2月から3月にかけて確定申告が行われており、税金を余計に支払った人や企業に対しては還付金が支払われますが、4月にはこの還付金が支払われます。

こうした、すぐにお金を支払うことができるシステムがすでにあるのですから、やろうと思えばできるはずです。

補助金の支払いに限らず、コロナによって日本政府の生産性の低さが、如実に露呈していると思っているのは私だけではないはずです。

◉コロナ患者がなかなか入院できない理由

日本の生産性の低さは、医療においても露呈しました。

私のお客さまのなかには、病院もいくつかあるのですが、どこも電子カルテを導入しています。ただ、それはそれぞれの病院内だけのシステムで、日本としての共通の電子カルテシステムがないため、病院を変われば、病歴も治療歴も何もかも、またゼロからつくることになります。こんな非効率なことをやっているのが日本医療の現実なのです。

アメリカは人口が約3・3億人で、病院数が6000超あります。一方、日本は人口が約1・2億人で、病院数が8000超あります。

数字だけを見ると、1人当たりの病院数は日本がアメリカの3倍以上ありますので、コロナになっても日本のほうが治療を受けやすいと思ってしまいます。

ところが、日本の病院は規模の小さい病院が多く、感染症の専門医がいない病院がほとんどです。病院内の医者の数も少ないので、コロナ患者の受け入れができないのです。よしんば受け入れても、診る医者が限られる上に、他の患者さんに迷惑がかかります。だから、コロナ患者を受け入れていない病院が大多数なのです。

アメリカの病院は規模が大きいので、感染症の専門医がいる病院が数多くあります。病院内の医者の数も多いので、感染症の専門医がリーダーになって専門ではない医者たちに様々な知識を与え、対処の指導を行うことができます。だから、アメリカの病院はコロナ患者を数多く受け入れられるのです。

コロナにかかっても自宅療養を強いられたり、救急車がコロナ患者の搬送先を見つけられなかったりしたのは、日本の医療にこうした問題があるからなのです。

◉ゾンビ企業がうじゃうじゃ生き残る日本

日本には中小企業が多いですが、病院も中小病院が多く、国全体として見た場合には、非常に非効率な状況にあると言うことができます。

たとえば、10人規模の企業でも、１００人規模の企業でも、ホームページの制作にかかる費用や時間はほぼ同じです。同様に、多くのことは規模が小さいから安くなるわけでも、時間が短縮できるわけでもありません。

ということは、国全体で見れば、規模がある程度大きい企業が多いほうが様々なことが効率的になるはずです。しかし、日本は規模が小さい企業が多いため、非効率なことが多いというわけです。

日本の起業率と廃業率はどちらも5％前後ですが、欧米はどちらも10％を超えています。この数字が意味することは、それだけ日本は企業の新陳代謝が悪く、日本ではゾンビ企業が多く生き残っているということです。

その証拠に、法人税を払っていない赤字企業が、なんと66％を超えています。この数字は「国税庁統計法人税表2018年度」のものなので、コロナは関係ありません。66％と言えば、3分の2です。**日本の企業の3分の2が赤字企業だという事実だけでも日本の生産性がいかに低いかが分かる**のではないでしょうか。

私は、日本リスクを回避するために海外で稼いでいる企業の株式に投資すると述べましたが、裏を返せば、日本国内だけでビジネスを行っている企業の多くが、投資先としての魅力が低いからです。

投資先としての魅力は、その企業の「安全性」「収益性」「将来性」の3つで判断しますが、海外比率の高いグローバル企業のほうが、国内だけのドメスティック企業よりも、これら3つのうちの「収益性」や「将来性」が高い傾向があります。

◉アメリカ経済は今後も好調を維持できるのか?

このところの日本経済は、アメリカと中国から2周遅れ、ヨーロッパから1周遅れの回復状況だと述べました。

では、先を行くアメリカの経済は今後どうなっていくのでしょうか。アメリカ経済は現在、おおむね好調だと言えます。たとえば、自動車や住宅は飛ぶように売れています。

自動車は、世界的な半導体不足もあって、製造台数が増やせないという問題がありますが、トヨタなどはつくれば売れる状況が続いています。新車が手に入りにくいため、中古車の人気も高まり、価格が上がっています。

住宅は、「ウッドショック」を引き起こすほど売れています。ウッドショックとは、建築用木材の供給が需要に追いつかないために木材価格が高騰していることを指します。このウッドショックの影響は日本にも及んでおり、日本の木材価格も高騰しました。
また、木材に限らず、様々な原材料の価格が世界的に上がっており、この影響もあって製品価格が上昇。アメリカの消費者物価上昇率は、２０２１年10月現在、前年比で５％を超えています。

消費者物価上昇率とは、インフレ率のことで、日本がなかなか２％を実現できないなか、**アメリカは５％を超えており、それだけ経済が好調なのです。**

アメリカも日本と同様に金融緩和政策をとっていますが、すでに出口に向かっています。金融緩和の量を減らすことを「テーパリング」と言いますが、当初の予定よりも大幅に前倒しされ、２０２１年11月にスタートしました。それは、それだけインフレ率が上がって景気が好調だからです。

そして、**アメリカ経済、アメリカの株式相場は、一時的に下がることはあっても、長期的には好調を維持する**と私は見ています。

◉アメリカは良い物価上昇、日本は悪い物価上昇

アメリカは、2021年内にテーパリングを始められ、いよいよ翌2022年には金融緩和政策を転換し、金利を上げ始めることになるでしょう。

これに対して、日本は金利を上げることはもとより、テーパリングでさえも始められるような状況にありません。

日本の消費者物価上昇率は、2021年9月現在、ほぼゼロです。いまだに日本だけが物価が上がらないのです。経済の足腰が弱いからです。

世界的に原材料価格が上がっているため、日本でも企業間の物価は5%程度上昇していますが、最終消費財にはなかなか転嫁できていません。それでも、小麦や肉などの価格が上がっています。日本でも2021年10月から、これらを原料とする小麦粉や食パン、牛丼などの販売価格が値上げされました。電気代やガス代も値上げされています。

こうした物価の上昇を反映して、日本の物価指数も、今後、上がることが予想されています。しかし、**これは悪い物価上昇です。給与上昇にともなった需要増が原因ではないからです。**

アメリカは、原材料価格の影響もありますが、基本的には、好景気で需要が供給を上回っているため物価が上がっているのですが、日本の場合は、好景気だからではなく、原材料価格が上がっているから仕方なくものの値段を上げているに過ぎません。

給料が上がらないのに物価が上がり始めれば、買えるものが減ります。個人が買うものを減らせば、企業の売上がそれだけ減ります。

また、企業は原材料価格の値上がり分すべてを販売価格に反映させることはできません。なにしろ長く景気が弱いため、消費者は値上げに敏感で、大幅に値上げをしてしまうと売れなくなってしまう可能性が高いからです。

原材料価格の値上がり分を販売価格に反映させられなければ、企業がその分を負担することになります。その分、企業の収益は減り、業績が悪化します。

つまり、原材料価格の値上がりによる物価上昇は、個人にとっても、企業にとっても悪い物価上昇なのです。この悪い物価上昇が、日本でこれから起きるのだとすれば、日本経済は、回復が遅れるどころか、回復できない可能性すら出てきます。

日本経済は短期的にも非常に厳しい局面にあると言わざるを得ないのです。

◉「円キャリー取引」が復活する？

日本経済は、こうした厳しい局面に直面していますので、おそらく当面は金利を上げることができないでしょう。

その一方で、2022年以後、アメリカの金利が上がっていき、日本とアメリカの金利差が生まれてくると何が起きるでしょうか。

私は、どこかの時点で「円キャリー取引」が復活するのではないかと考えています。「円キャリー取引って何？」と思った人が多いと思いますので、かんたんにその仕組みを説明します。

まず金利が低い円を借ります。借りた円を売って金利の高いドルを買います。ドルをもち続けてドル金利を受け取り、円金利を払うとすると、ドル金利が5％で円金利が1％なら、為替変動リスクを考えなければ、差し引き4％の儲けが出ます。

多くの人たちが同様のことを始めると、円が売られてドルが買われますので円安ドル高が進みます。1ドル100円のときにドルを買い、1ドル130円のときに円に戻せば、為替でも30円の儲けが出ます。

金利と為替の両方、ダブルで儲かるのです。もちろん、何かの理由で円高ドル安へと逆に進むと、為替の損が金利の儲けを超えてしまって大損する可能性もあります。

これが円キャリー取引の仕組みです。以前に円キャリー取引が盛んに行われたときの円とドルの金利差は約4%でした。為替リスクを考えれば、4%程度の金利差がないとリスクのほうが大きいというのが機関投資家の判断なのでしょう。

日本の金利はほぼゼロ%の状況がこれからも続きますので、アメリカの金利が4%程度まで上がれば、こうした円キャリー取引が復活するかもしれません。

◉日本経済は「コロナ次第」

日本経済の一番の問題は、日銀が現在の金融緩和政策を継続するしか選択肢がなく、まったく身動きがとれないことです。

コロナの変異株の流行がなければ、2021年秋から日本の景気も遅ればせながら回復すると言われていました。

欧米ではワクチン接種が進み、重症化リスクが低減されたとの判断で経済活動を活発化させたため、先に経済が回復しました。

ワクチンの接種率が上がれば日本でも同様の措置をとり、日本経済も復活するはずでした。このシナリオが変異株の流行で狂ってしまったのです。

ちなみに、欧米諸国では「コロナとの戦い」と言います。なぜこのような言い方をするのかと言えば、国という「共同体」を守らなければならないという意識が強いからです。共同体を守るためなら、強制力がともなうロックダウンも行うし、一部の人が犠牲になることにも理解を示します。共同体VSコロナととらえて、コロナとの戦いと言うのです。

しかし、日本は憲法上の制約や歴史的経緯もあり、基本的人権を制限することがほとんどできません。共同体意識も低いため、対策が徹底されることもなく、中途半端になりがちです。共同体としてコロナと戦うという意識が、日本人は欧米人たちよりも薄いのです。

2021年9月末、ようやく変異株の流行がおさまり、2回のワクチン接種を終えた人が半数を超えたこともあって、「緊急事態宣言」と「まん延防止等重点措置」が解除されましたが、まだ油断はできません。

すでに様々な種類の変異株が確認されており、冬に第6波が来れば、また元の木阿弥《もくあみ》になる可能性もあるからです。2022年も、日本経済は「コロナ次第」の状況から抜け出せるかは不明です。

ただ、グローバル企業は海外で稼ぎ始めていますので、あまり心配していません。製造業を中心に業績が良化しており、トヨタは半導体不足で自動車の生産台数を一時的に減らしましたが、過去最高の利益になりそうです。裏を返せば、半導体さえあれば売上をさらに伸ばせる状況だということです。

心配なのは、やはり国内向けのサービス業――ホテルや旅館、旅行業、飲食店などです。こうしたサービス業の業績は、コロナ次第ですが、コロナが終息すれば、これまで人々が旅行や外食などを我慢していた分、余計にお金をかけることも考えられ、そうなればサービス業もある程度は復活できそうです。

◉中国経済はある程度好調だが、「中国リスク」は常にある

中国は、世界で最初にコロナに襲われましたが、世界で最初にコロナを克服し、世界で最初に経済が復活しました。

2022年2月に北京で冬季オリンピック・パラリンピックが開催されますが、これを

絶対に成功させるために、中国政府は、コロナの封じ込めを徹底的に行うでしょう。

内需は恒大の問題があり、不動産バブルの崩壊も懸念されますが、表面的にはなんとか好調を維持しています。しかし、恒大問題の対応いかんでは国内経済が大揺れするおそれもあり、中国政府は難しいかじ取りが必要となっています。


中国は、共産党一党独裁体制の維持が最大の目的ですから、どんな大企業であろうと、とんでもないほどの大金持ちであろうと、共産党に逆らうことはできません。とくに、みんなで豊かになるという「共同富裕」をスローガンに掲げてからは、大企業や金持ちには住みにくい国となりました。恒大危機のきっかけもこの「共同富裕」です。

中国IT企業大手アリババの創業者、ジャック・マー氏でさえ、中国政府の意に沿わない発言をすれば、表舞台に出てこられなくなります。

共産党が「企業分割せよ」と言えば、その企業は事業を分割するしかなく、「国営化する」と言えば、その企業を国営化できてしまうのが中国です。

実際、2021年、学習塾への規制が強化され、塾ビジネスがほぼできなくなりました。

中国には、こうした**政府が強権を発動してルールが突然変更される「中国リスク」があ**

ります。どの国であっても、その国ならではのカントリーリスクはありますので、**海外への投資を考える際には、その国のカントリーリスクに注意を払う必要があります。**また、長らく続いた「ひとりっ子政策」の影響で、中国でも生産年齢人口の減少が始まっており、その点でも経済力の衰退が懸念されます。

◉中国の求心力は「お金」から「愛国心」へ

中国は社会主義国ですが、鄧《とう》小平氏が１９７８年12月、改革解放路線を打ち出した際に、実質的な社会主義を捨てました。鄧小平は大変な天才で、社会主義を捨てないと共産党政権が崩壊することを、このときすでに予見していたのです。

１９８９年11月にベルリンの壁が崩壊し、１９９１年にソビエト連邦が崩壊しました。それにともないソビエト周辺の東欧諸国も社会主義を捨てました。

こうした事態を予見して、10年以上も前に改革開放政策を打ち出したのですから鄧小平は天才と言うしかありません。

中国共産党の目的は１つで、共産党一党独裁体制の維持であって、共産主義や社会主義の維持ではないのです。

それでは、社会主義から改革開放路線に舵を切ったことで何が起きたでしょうか。中国においても資本主義化が進み、貧富の差が拡大しました。経済が急成長している間は、お金が中国国民の求心力となっており、共産党一党独裁体制を維持することができました。しかし、そのせいで格差が広がり、今度はその格差を解消できないことが、共産党政権への大きな脅威となっています。

現在、経済成長に変わって中国国民の求心力になりつつあるのが、「愛国心」です。これは中国政府もはっきりとそう言っています。愛国心が国の求心力になりつつあるから、共産党一党独裁体制に反対する香港の独立運動などは絶対に許せないのです。

こうした愛国心は、中国の若い人たちにもかなり浸透していて、以前はアメリカに留学した中国人の約2割しか中国に戻らなかったのが、近年は約8割が中国に戻るようになりました。それは、母国中国に対する愛国心からであり、中国が経済的に豊かになったからという理由もあります。

アメリカも貧富の差が激しい国で、特にドナルド・トランプ政権時代に、その負の面がはっきりと表面化しました。

一方、中国では共産党一党独裁体制にさえ反対せずに従っていれば、お金も儲かるし、インフラも新しいものが整備されていて、研究体制も整っています。今や世界の学術論文発表数のトップは中国です。

勉強するにしても、ビジネスをするにしても中国のほうがアメリカよりも良い条件が整っているわけです。中国的愛国心に逆らわなければ非常に住みやすい国になっており、だからアメリカに留学した若い人たちも、中国に戻るようになったのでしょう。

ただ、中国がこれからも同様の発展を続けられるかは、正直なところ分かりません。

それは、**日本と同様に高齢化が進み、生産年齢人口が減少するからです。**一人っ子政策をやめ、子どもを3人まで認めるようになりましたが、それで人口減少に歯止めがかかるかは、もう少し待たないと分かりません。

習近平国家首席が権力を集中することで体制の引き締めを行なおうとしていますが、経済面での先行きは不透明です。

◉優秀な日本人は海外へ

私がアメリカに留学したころは、アメリカに留学する日本人が多くいました。ところが、卒業した学校の先生と話しても、近年は日本から留学生が来なくなって、アジアからの応募者の多くは中国人だと聞いています。

これはちょっと残念な傾向ですが、だからと言って、日本人の若者たちが全員内向きになっているわけではありません。

私は、塾などを全国展開するワオ・コーポレーションの社外取締役を20年ほどやっています。

ワオでは、塾などの生徒に限らず、本当に優秀な学生に奨学金を出しているのですが、この奨学金をもらっている子どもたちが、もらった奨学金で何をどのように勉強しているのかをプレゼンテーションしている映像を見ました。

驚いたのが、京都の名門高校に通う3年生の女子学生のプレゼンテーションでした。

彼女は、数学オリンピックで銅メダルをとった経歴の持ち主で、アメリカの理系の大学に進学するために、アメリカの大学の物理や数学の教科書を買って勉強していると言います。

アメリカに行って何を勉強したいかも明白で、物理学と数学の境目のところ、物理学の現象を数学で解析するといったことについて学びたいのだそうです。

私が京都大学の卒業生だから言うわけではありませんが、京都大学の物理学や数学と言えば、ノーベル賞受賞者の湯川秀樹博士をはじめ、何人ものノーベル物理学賞受賞者を出しています。また、数学では、数学のノーベル賞と言われるフィールズ賞を受賞した広中平祐博士がいます。

京都の高校に通っているのなら、京都大学に進学すればやりたい勉強ができるのではないかと思ったのですが、彼女は、マサチューセッツ工科大学（ＭＩＴ）に進学したいと希望を述べていました。京都大学など眼中にないのです。

◉みじめな気持ちが真の強さを生み出す

彼女のプレゼン内容にも驚かされたのですが、さらに衝撃を受けたのが、審査員の20代の男性のアドバイスです。

彼は東大入学後、半年で退学してＭＩＴに行った経歴の持ち主で、彼女に対して２つのアドバイスを行っていました。

１つがプログラミングを勉強すること。これからは、プログラミングができないと何もできないからというのが理由でした。

もう1つが、自分が本当にみじめになる場に身を置くこと。彼はＭＩＴに留学して、トップ10％の成績をとったけれども、さらに上を目指すために、トップ1％の人と付き合うようにしたそうです。そうしたら、あまりの実力差に、本当に自分がみじめな気持ちになったと言います。

日本にいると、日本全体のレベルが下がっていることもあり、優秀な人ならめったにみじめな思いをすることはありません。だからこそ、あえて自分がみじめになる経験をするためにアメリカに行き、トップ・オブ・トップの人たちの中に身を置くことをアドバイスしていました。

こうした優秀な日本人がアメリカのＭＩＴなどの名門校に行くようになると、みじめな日本は今以上にみじめになるでしょうが、それは仕方がありません。そういう時代なのです。

これから起きることとは、すでに見え始めていて、スポーツの世界を見れば、野球なら大谷翔平選手が大リーグに行き、大リーグのトップ・オブ・トップになろうと挑んでいます。サッカーなら、久保建英選手が10歳でスペインに渡り、現在もスペインリーグで挑戦を続けています。それ以外のスポーツでも、若い選手たちが次々に挑戦の場を求めてアメリカやヨーロッパ各国に行っています。

これと同じことがスポーツ以外の世界でも実は起き始めており、**おそらく日本のトップ数%の若い人材はすでに欧米に行っている、あるいは行こうとしている**のではないでしょうか。

MITに行くような人は英語が話せるでしょうが、大谷選手やダルビッシュ有選手などは、専属の通訳をつけています。それは専属の通訳を雇えるほどお金があるからです。スマートフォンの通訳機能が飛躍的に向上し、通訳がいらなくなれば、通訳を雇えないクラスの人たちも欧米諸国に向かうでしょう。なぜなら、**言葉の問題がなくなれば、ビジネスにおいても欧米のほうが活躍できる可能性が高いからです。**生産性が低く、経済が成長しない日本にいるよりも、はるかに大きな可能性があります。

日本も企業はだいぶん前から欧米に進出しています。企業に続いて個人も欧米に行くようになれば、日本はさらに空洞化が進みます。

日本人が欧米を目指すように、アジア諸国の若い優秀な人材が日本を目指してくれれば、日本の空洞化をある程度食い止められるのですが、残念ながら目指してもらえていません。理由は、日本に魅力がないからなのでしょう。

◉日本の強みは何か？

日本人は、勤勉で頭がいいのですから、エリート教育を本格的に行えばいいのではないか、と私は考えています。

戦後、お金がない時代でも、ノーベル賞がとれる頭脳を育てることができました。資源のない日本の「唯一の資源」は人だと言われますが、やはり人の頭脳を鍛えることでしか国力を上げることはできないのではないでしょうか。

日本からGAFA（Google、Apple、Facebook、Amazon）クラスの世界的巨大企業が生まれない、GAFAを創業した経営者のような人材が生まれないことが問題なのです。

フェイスブックの基本ソフトは、ハーバード大学の寮でつくられたわけで、資本金ゼロでつくられました。マーク・ザッカーバーグのような**独創的な人をどれだけ生み出せるかで、日本のこれからの命運が決まってきます。**

国がもっと大学などの研究機関にお金を出し、優秀な人をどんどん育てるべきだと思います。とにかく能力の高い人をつくる必要があります。

◉1人ひとりが日本の悪循環を断ち切れ

製造業、特に精密機器をつくる技術は、今でも日本は非常に高いので、そこに国が資金を入れてさらに強化することもできます。もちろん精密機器だけではありません。他の製造分野でもケミカル分野でも高い技術を持っています。アニメもそうです。強いところをさらに強化するという発想が大切です。

農業も斜陽産業などではなく、世界に輸出できる成長産業に十分なり得ます。その証拠に、日本の農作物の評価は世界的に高いものがあります。農業には、輸出産業に育成できるだけのポテンシャルがあるのですが、そのためには規制緩和が必要で、農家に補助金や助成金をチマチマ出していても輸出産業に育成することは難しいでしょう。稼げる大規模農家を育てるのです。

日本では、痛みをともなわない改革をしようとします。コンサルタントして経営改革を数々見てきた経験から言えば、痛みをともなわない改革なんてあり得ません。

お金を稼げるようになれば、子どもも増えるでしょう。子どもが増えれば日本にも未来があります。今は逆で、お金がないから子どもをつくらず、子どもが減るから日本の未来もない。共同体意識も低く、自分が良ければいいという狭い了見の人が増えている印象もあります。こうした悪循環を断ち切らないと日本には未来がありません。

この本の趣旨から言えば、投資で正当にお金を増やして、それを使っていくことも日本の未来につながると思います。なぜなら、お金を使えば経済が循環するからです。今は、使うお金がない人が多いのです。そして、将来に不安があるから余計に使わない。

こうした悪循環を断ち切るためにも、まずは稼ぐ力を養い、貯める力をつけ、そして、お金を増やすための投資にも挑戦してみてください。

国は政治家に任せていても変わりません。日本を変えられるのは、私たち国民1人ひとりの行動なのです。

第4章

「確実に増やす」ための株式投資法

◉億万長者の共通点を知っているか？

「お金持ちになりたい！」

こう思ったことがまったくないという人は、いないのではないでしょうか。なれるものなら、お金持ちになりたいと誰もが思ったことがあるはずです。

では、お金持ちが、どのような人だか知っていますか。お金持ちのなかのお金持ち。それが億万長者と呼ばれる人たちです。

アメリカの経済誌「フォーブス（Forbes）」は、毎年、世界の億万長者ランキングを発表しています。２０２１年の1位は、アマゾンの創業者ジェフ・ベゾス氏でした。2位は、テスラやスペースXの創業者であるイーロン・マスク氏。4位がマイクロソフトの創業者ビル・ゲイツ氏。5位がフェイスブックの創業者マーク・ザッカーバーグ氏。7位がオラクルの創業者ラリー・エリソン氏。8位と9位がグーグルの創業者ラリー・ペイジ氏とセルゲイ・ブリン氏。

ベスト10のうち、実に7人が世界的大企業の創業者です。つまり、あなたが世界的な大金持ちになりたいのなら、起業することです。起業して、世界の何十億人もの人たちが喜ぶ製品やサービスを生み出すことを目指してください。そうすれば、創業者としてもっている自社の株価がうなぎのぼりに上がり、億万長者の仲間入りができます。

ちなみに、アマゾンがナスダックに上場したときの初値は18ドルでした。その後、株式分割が3度行われたので、それを考慮に入れると、このときの1株は1・5ドルぐらいになります。2021年9月現在、アマゾンの株価は3300ドル前後ですから、実に2000倍以上になっています。

世界の大富豪のベスト10のうち、1位、2位、4位、5位、7位、8位、9位は世界的大企業の創業者ですが、では、3位と6位と10位の人は何者でしょうか。

3位はフランスのLVMH（モエ・ヘネシー・ルイ・ヴィトン）会長のベルナール・アルノー氏。アルノー氏は創業者ではありませんが、父の不動産業を継ぎ、クリスチャン・ディオールをはじめとした有名ブランドを次々と買収して世界有数の企業グループをつくりあげた人物です。自社の株式で大富豪になったのは、前述の創業者たちと同じです。

6位は日本でもおなじみのウォーレン・バフェット氏。バフェット氏も投資会社バークシャー・ハサウェイの創業者ですが、投資した企業の株価の上昇によって大富豪となった点が、他の人たちと明らかに違うところです。

10位はインド最大の民間企業リライアンス・インダストリーズの会長ムケシュ・アンバニ氏。アンバニ氏は、創業者ではありませんが、リライアンス創業者の息子で、自社の株価の上昇で大富豪になったのは前述の創業者たちと同じです。

10人に共通するのは、もっている株の価格が上がったことで大富豪になっている点です。

9人は自社株で、唯一の例外が他社への投資、他社株で大富豪になったバフェット氏。

つまり、**株を持っていないと大金持ちにはなれないということです。**

◉お金を増やす方法として株式投資を選ぶ理由

これは「大金持ち」を目指すわけではなく、「お金持ち」を目指す人、お金を増やしたい人たちにも大変参考になる話ではないでしょうか。お金を増やす方法は数多くありますが、そのなかで、「株を持つ」「株を買う」ことが、かなり有力なお金の増やし方だということが分かるからです。

世界トップ10の億万長者はみな創業者か、それに近い人たちでしたが、その陰には何百万人、何千万人、いやそれ以上の起業家がいたことも忘れてはならないでしょう。

私は経営コンサルタントを25年以上やっていますので、経営者を数多く見てきました。その経験から言えるのは、経営者に向く人と、向かない人がいると言うことです。たとえば、チャレンジ精神旺盛な人は「経営者向き」ではあります。ただ、だからと言ってチャレンジ精神旺盛な経営者がみんな成功するわけではありません。チャレンジして、あえなく失敗する人も多くいます。

そもそもチャレンジ精神旺盛な人よりも、保守的な人のほうが多いことは、自分の身の回りを見るだけでも明らかではないでしょうか。変化を好む人よりも、変化したくない人のほうが多いはずです。変化を望まない人は、経営者にはやはり不向きです。

ただ、自分が経営者に向かないからといって、お金を増やすことをあきらめる必要はまったくありません。自分が経営者に向かないのなら、向いている人が経営している企業の株を買えばいい。バフェット氏を見習って、株式投資でお金を増やすほうを選ぶのです。

アマゾンの株が上場から現在までに２０００倍になったと述べましたが、もし上場時に１００万円分アマゾンの株を買っていたら、現在は20億円になっています。これは極端な例ですが、株が10倍や20倍になることは日本でもあります。

私自身は、20名ほどの小さい会社ではありますが経営者です。実際、私がもっている株で、一番儲かっているのは自社株です。経営者は自社のために死ぬ気でがんばりますから、この結果は、ある意味、当然のことだと言えます。

ただし、前章で述べた通り、日本円でお金をもっていても、日本リスクがあります。せっかく汗水流して稼いだお金の価値を減らすことなく、できるなら少しずつでも増やす方法はないものか。こう考えて、**私が出した結論が、海外で稼いでいる企業、それも優良企業の株を買うという方法です。**ベストではないかもしれませんが、ベターな方法だと自負しています。

◉「買いどき」を判断する方法

さて、プロローグで述べたように、私の株式への投資法をかんたんに言えば、次のようになります。

「相場全体が下がったときに、優良企業の株を、割安で買う。そして、長期保有する」

相場が下がっているかどうかは、ＴＯＰＩＸや日経平均株価を見続けていれば分かります。急激に下がったときにはニュースになりますので、誰にでも「相場が下げている」ことは分かるでしょう。

問題は、まだ下がるのか、どこまで下がるのか、です。これを見極めるのは、プロでもなかなか難しいと思います。なので、アマチュアである私たちは、「頭と尻尾はくれてやれ」という投資格言にしたがって、さらに下がるかもしれなくても、株価が確実に割安になっているのなら「買いどき」と判断します。

「いや、それだけでは心配だ。他に何か判断材料はないのか」

こう思う人もいるかもしれません。本来、株が買いどきかどうかを判断するには、数々の経済指標や経営指標、投資指標を読む必要があります。こうした経済指標などを読んで、しっかりと経済状況を判断したうえで投資を行いたいという人は、拙著『株式投資で勝つための指標が1冊でわかる本』（ＰＨＰ研究所）の一読をおすすめします。

この本では、経済状況を理解するための経済指標だけでなく、優良企業がどうかを判断する経営指標や、株価が割安かどうかを判断する投資指標についても基本的なことが網羅的に理解できるように解説していますが、本書でも十分な内容を後に紹介しています。

◉余裕資金があれば、リカバリーが可能

買いどきを判断するのは難しいもので、私もときどき間違えます。

コロナショックのときも、株価が下がった2020年2月に「バーゲンセールだ！」と判断して、ある企業の株を買ったのですが、3月になるとさらに株価が下がりました。そのときは、慌てることなく、さらに株を買い足しました。

こうした株価が下がったときに、さらに株を買い足す買い方を「ナンピン買い」と言いますが、余裕資金があれば、このナンピン買いで平均購入単価を下げることができ、多少買いどきを間違えたとしても、リカバリーが可能です。

たとえば、株価が下がって1000円のときに割安になったと判断して100株買ったとしましょう。その後、さらに800円まで下がったので、そこでまた100株買い足します。このナンピン買いにより、平均購入単価は1000円から900円になります。

購入単価が低いほうが、当たり前ですが、株価が上がったときの儲けが大きくなります。

これができるのは、それだけの余裕資金があるからです。言い換えれば、**余裕資金が潤沢にある人ほど勝てるのが株式投資なのです。**

そして、余裕資金を潤沢に蓄えるためには、これまでに述べてきたように、稼ぐ力と貯める力が必要不可欠になります。

こうしたナンピン買いが上手くいくのにも前提があります。それが、優良企業の株を買うことと、株価が確実に割安になっていることです。優良企業かどうか、株価が割安かどうかを判断せずに、初心者がただ安くなった企業の株を買い、さらに安くなったからとナンピン買いすると、痛い目を見ること必至です。

◉最も重視すべきは、企業の「安全性」

痛い目に遭わないために大切になるのが、「優良企業の株を、割安で買う」こと。つまり、優良企業かどうか、株価が割安かどうかの判断です。

優良企業かどうかの判断は、数々の経営指標を読めば分かります。ただ、経営指標と言っても数多くあるので、本書では株式投資先を判断するうえで、特に大事になる、企業の「安全性」と「収益性」の見方を説明します。

私が投資先企業を見る際に、最も重視しているのが、企業の安全性です。なぜなら、企業が倒産してしまうと、その企業の株は紙くずになってしまうからです。お金を失いたくないなら、ちょっとやそっとのことでは絶対につぶれない企業に投資することが重要になります。

企業の安全性、特に中長期の安全性を判断するために見る指標が、「自己資本比率」です。自己資本比率は次の式で求められます。

自己資本比率＝純資産÷資産

「純資産」は、返済する必要のないお金のことで、返済する必要があるお金は「負債」と呼びます。企業としては、返済義務がある負債よりも、返済義務のない純資産が多いほど、中長期の安全性が高くなります。

「資産」とは、その企業がもっている財産のことで、企業を経営していくうえで必要な資金はもちろん、製品をつくるための原材料や機械、工場やオフィスなどの建物、商品の在庫、机や椅子、パソコンなども資産に含まれます。

純資産を資産で割った値が、自己資本比率ですが、それでは何%以上なら、その企業の安全性が高いと言えるでしょうか。

これは業種によって違います。

製造業であれば、土地や建物、工場、機械などの「固定資産」を多くもつ必要がありますので、自己資本比率が20％以上あれば、安全だと言えます。

商社や卸売業などは、販売したけれども回収できていない売掛金や在庫などの「流動資産」がどうしても多くなりますので、自己資本比率が15％以上なら安全性が高いと私は判断しています。

これら以外の業種でも、自己資本比率が10％以上あることが、中長期の安全性を判断する基準になります。**10％を切っている企業に対しては、「過小資本」で安全性が低いと判断してください。**

例外は金融業です。金融業はお金を扱っていますから、現金を潤沢に持っており、収益性も高い業種のため、自己資本比率が10％を切っていても安全だと言えます。

自己資本比率は、上場企業の場合、決算短信で確認することができます。

◉「売上高成長率」がなぜ大切なのか？

企業の安全性を確認したら、次に見るのが、企業の稼ぐ力を表す「収益性」です。

収益性は、「売上高成長率」と「利益成長率」の2つの指標を見れば分かります。

まず、売上高成長率ですが、次の式で求められます。


売上高成長率＝（今期売上高－前期売上高）÷前期売上高

売上高成長率などと言うと、難しく感じるかもしれませんが、要は、前期に比べて今期どれだけ売上高が増えたかを％で表した指標です。ただし中長期的に見る必要があります。

それでは、なぜ売上高が増えていることが大切なのでしょうか。私が考える理由は2つあります。

1つは、売上高が利益の源泉だからです。売上高が増えれば、一般的には利益も増えます。もう1つは、売上高はその企業の社会でのプレゼンス（存在感）や影響力を表しているからです。売上高が増えていないということは、お客さまに喜んでもらえていない、社会に対する貢献度や社会での存在感が下がっていることになります。

中長期的に売上高が増えていることは、企業にとって非常に重要なことなのです。ただし、株価がバーゲンセールになる経済危機時などには売上高が一時的に落ちることがありますから、あくまでも経済が通常の状態で売上高成長率がプラスであることが大切で、そのためにも普段からの企業業績を見ておく必要があるのです。

◉「利益」のなかで一番大事なのは？

収益性を判断する、もう1つの指標が、利益成長率で、次の式で求められます。

利益成長率＝（今期利益－前期利益）÷前期利益

利益成長率は、前期に比べて今期どれだけ利益が増えたかを％で表した指標です。これも中長期的に見る必要があります。

利益で注意したいのは、実は利益にはいくつかの種類がある点です。売上高から売上原価を引いたものが売上総利益。そこから販売費及び一般管理費を引いたものが営業利益。そこに営業外収益と営業外費用を足し引きしたものが経常利益。そこに特別利益と特別損失を足し引きしたものが「税金等調整前当期純利益」。そこに税金等の調整を行ったものが「当期純利益」。そこから非支配株主に帰属する当期純利益を引いたものが「親会社株

損益計算書（PL）の構成

	売上高
−	売上原価
	売上総利益
−	販売費及び一般管理費
	営業利益
＋	営業外収益
−	営業外費用
	経常利益
＋	特別利益
−	特別損失
	税金等調整前当期純利益
±	税金等の調整
	当期純利益
−	非支配株主に帰属する当期純利益
	親会社株主に帰属する当期純利益

主に帰属する当期純利益」です。

企業の実力を知るには、営業利益、経常利益が大切です。一方、株主に帰属するのは純利益です。そしてその純利益にも、税金等調整前当期純利益、当期純利益、親会社株主に帰属する当期純利益と3つありますが、私たち投資家である株主にとって一番大事なのは、最後の親会社株主に帰属する当期純利益です。

ですから、指標も正確には「親会社株主に帰属する当期純利益成長率」なのです。

さて、売上高成長率と利益成長率の数値の基準は、言うまでもなく、どちらもプラスであることです。プラスの数値が大きければ大きいほど、成長率が高いことを表します。

売上高が前年比プラスのときを「増収」、マイナスのときを「減収」、利益が前年比プラスのときを「増益」、マイナスのときを「減益」と呼びます。

増収増益が一番いいのですが、増収減益、減収増益のときもありますし、減収減益となることもあります。その際には、こうした結果に終わった理由を考えることも投資家には必要です。積極的な投資の結果の減益なら将来に期待できるわけです。

また、収益力を見る場合には、同業他社と比べての売上高営業利益率（営業利益÷売上高）や売上高純利益率（純利益÷売上高）の比較も有効です。

これらの指標も、売上高成長率と同様に、経済危機などのときには、マイナスになることがあります。あくまでも経済が普通の状態で中長期的にプラスかどうかを見ておき、バーゲンセールのとこには、それほど参考にならないことも少なくありません。

◉高PER企業の株はダウンサイドリスクが大

優良企業かどうかは、自己資本比率で安全性を判断し、売上高成長率と営業利益や純利益成長率などで収益性を判断します。

次に行うのが、株価が割安かどうかの判断です。株価が割安かどうかは、「ＰＥＲ(Price Earnings Ratio　株価収益率)」と「ＰＢＲ(Price Book-Value Ratio　株価純資産倍率)」の２つの指標を見れば判断できます。

ＰＥＲは、１株当たりの当期純利益（正確には親会社株主に帰属する当期純利益）に対して、株価がいま何倍かを表す指標です。ＰＥＲは、次の式で求められます。

ＰＥＲ＝株価÷１株当たりの当期純利益

ＰＥＲは、企業別だけでなく、東証一部上場企業全体の数値を計算することもできますので、日本の株式市場全体の株価が、現在、高いのか、安いのかを判断することも可能です。

ＰＥＲの計算に使う当期純利益は、通常、予想値です。各企業が発表している当期の予想純利益をもとに計算します。

ＰＥＲが高い企業は、一般的に、投資先として人気が高い企業だと言えます。

また、業績回復時には、期待が高まるので、ＰＥＲが高くなりがちで、業績が安定してくると、ＰＥＲも安定してきます。また、業績が低迷しているときにも、ＰＥＲが高くなることがあります。資産価値や過去の株価から見て株価が形成されることもあるので、非常に低い利益の場合には、ＰＥＲが高くなります。これらの企業も、利益水準が戻れば、以前のＰＥＲに収斂《しゅうれん》していくと考えられます。

たとえば、コロナで業績が低迷しているＡＮＡホールディングスのＰＥＲは約３９４倍、三越伊勢丹ホールディングスは約３２６倍、東海旅客鉄道（ＪＲ東海）は約２３４倍、イオンは約１２１倍と非常に高い倍率になっています（２０２１年10月４日現在）。

私は、**ＰＥＲが25倍程度以上の企業の株は買いません。なぜなら、株価が大幅に下がるダウンサイドリスクが高くて怖いからです。**

ＰＥＲの倍率が高いということは、それだけ株主の期待が大きく、株価が割高になっている場合が少なくありません。こうした高ＰＥＲ企業で何か不祥事が起きたり、業績が悪化したりすると、株価が一気に下落する可能性があります。

それでは逆に、ＰＥＲが低い有名企業を見てみましょう。

日本郵船が2倍台、ユニチカ、日本製鉄が4倍台、ノジマ、横浜ゴムが5倍台、三井物産、住友商事、丸紅が6倍台、りそなホールディングス、みずほフィナンシャルグループが7倍台、東京電力ホールディングス、かんぽ生命保険、伊藤忠商事、三井住友フィナンシャルグループ、ホンダ、住友化学が8倍台となっています（2021年10月4日現在）。

商社と銀行が多いですね。商社も、銀行も、業績が悪いわけではないのですが、総じてPERが低い傾向があります。理由として考えられるのは、高PER企業とは逆に、株主の将来に対する期待が小さいから。もっと分かりやすく言うと、投資家の人気があまりないのです。ただ、過小評価されている場合もあり、その場合は買いどきです。

しかし、株価が割安で「買い」かと言えば、PERだけで判断することはできません。どの指標もそうですが、1つの指標だけで判断すると間違います。**必ずいくつかの指標を見て、総合的に判断するようにしてください。**

◉PBRが2倍を切ったらチャンス到来

次に見るのがPBRです。PBRは、1株当たりの純資産が株価の何倍かを表す指標で、次の式で求められます。

PBR＝株価÷1株当たり純資産

ＰＢＲが1倍なら株価と1株当たり純資産が同等で、1倍以上なら株価のほうが高く、1倍以下なら1株当たり純資産のほうが高いということです。ここで使用する純資産は、通常は自己資本で、ＰＥＲの当期純利益が企業の予想値だったのに対して、ＰＢＲの純資産は前期の実績値を使用するのが一般的です。

純資産は、「帳簿上の企業の価値」を表し、「解散価値」とも呼ばれます。ただ、だからといって、企業が解散して資産をすべて売却したときに、本当にそれだけの金額が得られるかというと、実は分かりません。なぜなら、土地や工場、機械などが評価額通りに売れるとは限らないからです。

したがって、ＰＢＲが1倍以下だからといって、企業を解散して純資産を売却したほうが株主にとって得になるわけではないのです。

ただ、ＰＢＲが低い企業は、株価のダウンサイドリスクも低いことは確かです。ですので、私のＰＢＲの基準値は2倍以下です。2倍以下ならその企業の株を買うことを検討しますが、2倍台のときは様子見で、3倍以上だと株価が割高だと判断します。

ＰＢＲが高い有名企業を見てみると、ＺＯＺＯが49倍超、ワタミが22倍超、リクルートホールディングス、サイバーエージェントが9倍超、オリエンタルランドが8倍超などとなっています。

こうして列挙すると、高ＰＢＲ企業がたくさんあるように感じられるかもしれませんが、実際は東証一部上場企業約２０００社のうち、ＰＢＲが３倍以上の企業は３５０社程度で、約17・５％に過ぎません。

一方、ＰＢＲが１倍を切っている企業は約１０００社もあります（以上、２０２１年10月４日現在）。そうしたＰＢＲが低く、株価が割安な企業のなかにも優良企業はありますので、他の指標とあわせて、じっくりと投資先候補を探してください。

◉「配当利回り」は3％以上が理想

私の投資法は長期投資が基本です。この長期投資において重視したいのが「配当利回り」という指標です。

配当利回りは、購入した株価（または、現在の株価）に対して、１年間でどれだけの配当が得られるかを表す指標で、次の式で求められます。

配当利回り＝1株当たりの年間配当額÷1株購入価額（または現在の株価）

自分が買った株の配当利回りを計算するときは、自分が買ったときの1株購入価額で割りますが、インターネット上などで表記されている配当利回りは、現在の株価で割って計算された数値です。

1株1000円で買った企業の1株当たりの年間配当額が30円だった場合、30÷1000＝0・03となり、配当利回りは3％です。

私は、この配当利回りが3％以上の企業を投資先として選ぶようにしています。なぜなら、長期投資を行っている期間中、毎年、配当がもらえれば、年利3％以上で運用しているのと同じことになるからです。

たとえば、配当利回り3％の企業の株を1000万円分持っていたら、年30万円が配当として受け取れます（実際には、それに税金がかかります。特定口座の場合には、税率は20・315％です）。

1企業に1000万円投資するのはリスクが高いかもしれませんが、長期投資で1企業当たり200万円程度ずつ投資を行い、配当利回りが3％以上の5社に投資していれば合計が約1000万円となり同じことになります。

プロローグでも述べましたが、配当の源泉は利益です。毎年、高い配当を出せる企業は、それだけの利益を毎年あげているということで、収益性が高く、経営の安定性も高いと言えます。この点でも配当利回りの高い企業は、長期投資の投資先として向いているのです。

現在の株価に対する配当利回りが高い企業を見ていきますが、株価は時々刻々変動しますので配当利回りもそれにともなって変動します。また、企業は業績次第で配当額を変えますので、あくまで現時点での配当利回りとなります。

また、配当も前期の実績値ではなく、今期の会社予想値で計算した配当利回りです。

ＰＥＲが低かった日本郵船の配当利回りが約9・5％と非常に高く、ＪＴ（日本たばこ産業）が約6・0％、ソフトバンクが約5・8％、日本郵政が約5・5％、三井住友フィナンシャルグループが約5・3％、武田薬品工業が約5・0％、みずほフィナンシャルグループと、ＥＮＥＯＳホールディングスが約4・9％、住友商事が約4・5％、ＳＯＭＰ

Ｏホールディングスが約４・３％、三菱ＵＦＪフィナンシャルグループが約４・３％、東芝が約３・９％、積水ハウスと三菱商事が約３・９％などとなっています。

配当利回りが高い企業でも、商社と銀行が多い印象です。投資家の人気を少しでも上げたいから、株を買って欲しいからなのかもしれません。私もこの中の数社の株式を保有しています。

東証一部で配当利回りが３％を超えている企業は、５００社以上あります（以上、２０２１年10月5日現在）。

◉投資先企業選びは、普段からやっておく

現在の株価で配当利回りが３％以上あれば、株価が安くなったときに買えば、さらに配当利回りが高くなりますので、購入価額に対する実質の配当利回りが５％を超えることも十分にあり得ます。

ただし、株価が安くなるのは経済環境が悪化したときや、その企業の業績が下がったときなどなので、配当を減らすことも多々あります。そうすると、その時点での予想配当利回りは低くなります。

つまり、株価が安くなってから「どの企業を買おうか」と配当利回りが高い企業を探し始めたのでは、見つからない可能性が高いのです。

そうならないためにも、**株式相場のバーゲンセールに備えて、普段から投資先企業選びを継続して行っておくことが大切です。**

また、過去10年間ぐらいの配当実績を見ておけば、その企業の配当に対する考え方も分かります。

たとえば、花王は、配当利回り自体は2％台と、それほど高くはありませんが、毎年、配当金額を上げていきます。1株当たり配当額を1円でも2円でもいいから毎年上げていくという方針があるのかもしれません。

ここまで、投資先企業を選ぶための指標として、次の5つを紹介し解説してきました。私の基準値とともにまとめておきます。

自己資本比率：企業の中長期の安全性を判断：20％以上（業種による）

売上高成長率：企業の収益性を判断：中長期的にプラス

純利益成長率：企業の収益性を判断：中長期的にプラス
PER：株価が割安かを判断：25倍以下
PBR：株価が割安かを判断：2倍以下
配当利回り：配当による1年間の運用利回りを判断：3％以上

繰り返しになりますが、株価がバーゲンセールになるときには、これらの指標が大きく変わることが少なくありません。あくまでも通常の経済状況のときに、これらの指標を参考にして、優良株を視野に入れておくのです。そして、**それらの株がバーゲンセールで下がったときに買うのです。**経済は、長期で見た場合、ショックが終わればどこかで通常に戻りますし、場合によっては過熱することも少なくありません。

◉企業の決算短信の見方

それでは、ここからは実際に企業が発表している決算短信を見ながら、5つの指標が私の基準値にどれくらい合致しているか、見ていきましょう。

まず決算短信は、東証一部上場企業であれば、**「調べたい企業名　決算短信」でイン**

ターネット検索を行えば、すぐに該当企業の決算短信のページが見つかります。

企業は四半期ごとに決算短信を発表していますが、ここで私たちが見るのは、すでに終了した前年度1年間の決算短信です。

決算短信は企業によってページ数が違いますが、見るのは表紙の次のページ、あるいは1ページめの、最上部に何年何月期の決算短信か、「日本基準」か「ＩＦＲＳ」かが書かれているページです。ＩＦＲＳとは、国際財務報告基準のことです。

このページが決算短信の概略になっており、用語や項目数などに多少の違いはありますが、私たちが知りたい5つの指標については、この1ページで分かります。

◉企業分析①：ＮＴＴ

ＮＴＴ（日本電信電話）を事例として具体的に見ていきましょう。

決算短信の上部には、企業名や東証のコード番号などが書かれていますが、見るのはその下の「連結業績」以下の部分です。

まず上部一番左に２０２０年度の「営業収益」として「11兆９４３９億６６００万円、０・４％」とあります。これが一般的に言う売上高で、０・４％が売上高成長率になりま

2020年度　決算短信〔IFRS〕（連結）

2021年5月12日

上場会社名　日本電信電話株式会社　上場取引所　東
コード番号　9432　URL　https://group.ntt/jp/ir/
代表者　（役職名）代表取締役社長　（氏名）澤田　純
問合せ先責任者　（役職名）財務部門IR室長　（氏名）藤城　夏子　（TEL）03（6838）5481
定時株主総会開催予定日　2021年6月24日　配当支払開始予定日　2021年6月25日
有価証券報告書提出予定日　2021年6月25日
決算補足説明資料作成の有無：有
決算説明会開催の有無　：有（機関投資家・アナリスト向け）

（百万円未満四捨五入）

1．2020年度の連結業績（2020年4月1日～2021年3月31日）
（1）連結経営成績　（%表示は対前期増減率）

	営業収益		営業利益		税引前利益		当社に帰属する当期利益	
	百万円	%	百万円	%	百万円	%	百万円	%
2020年度	11,943,966	0.4	1,671,391	7.0	1,652,575	5.3	916,181	7.1
2019年度	11,899,415	0.2	1,562,151	△7.8	1,570,141	△6.1	855,306	0.1

（注）当社に帰属する包括利益　2020年度　1,275,214百万円（71.5%）　2019年度　743,451百万円（△10.0%）

	基本的1株当たり当社に帰属する当期利益	希薄化後1株当たり当社に帰属する当期利益	株主資本当社に帰属する当期利益率	総資産税引前利益率	営業収益営業利益率
	円 銭	円 銭	%	%	%
2020年度	248.15	―	11.0	7.2	14.0
2019年度	231.21	―	9.3	6.9	13.1

（参考）持分法による投資損益　2020年度　229百万円　2019年度　11,257百万円
（注）当社は、2020年1月1日を効力発生日として、普通株式1株につき2株の割合をもって株式分割を行っています。前連結会計年度の期首に当該株式分割が行われたと仮定して、基本的1株当たり当社に帰属する当期利益を算定しています。

（2）連結財政状態

	総資産	資本合計（純資産）	株主資本	株主資本比率	1株当たり株主資本
	百万円	百万円	百万円	%	円 銭
2020年度	22,965,492	8,203,043	7,562,707	32.9	2,087.98
2019年度	23,014,133	11,462,627	9,061,103	39.4	2,492.60

（注）当社は、2020年1月1日を効力発生日として、普通株式1株につき2株の割合をもって株式分割を行っています。前連結会計年度の期首に当該株式分割が行われたと仮定して、1株当たり株主資本を算定しています。

（3）連結キャッシュ・フローの状況

	営業活動によるキャッシュ・フロー	投資活動によるキャッシュ・フロー	財務活動によるキャッシュ・フロー	現金及び現金同等物期末残高
	百万円	百万円	百万円	百万円
2020年度	3,009,064	△1,424,532	△1,689,548	935,727
2019年度	2,995,211	△1,852,727	△1,041,261	1,033,574

2．配当の状況

	年間配当金					配当金総額（合計）	配当性向（連結）	株主資本配当率（連結）
	第1四半期末	第2四半期末	第3四半期末	期末	合計			
	円 銭	円 銭	円 銭	円 銭	円 銭	百万円	%	%
2019年度	―	95.00	―	47.50	―	345,345	41.1	3.8
2020年度	―	50.00	―	55.00	105.00	385,008	42.3	5.0
2021年度（予想）	―	55.00	―	55.00	110.00		36.7	

（注）当社は、2020年1月1日を効力発生日として、普通株式1株につき2株の割合をもって株式分割を行っており、2019年度第2四半期末配当については当該株式分割の影響を考慮しない金額を、2019年度期末、2020年度および2021年度（予想）配当については当該株式分割の影響を考慮した金額を記載しています。また、2019年度年間配当金の合計額については、第2四半期末（分割前基準）と期末（分割後基準）で単純合計ができないため、記載していません。

3．2021年度の連結業績予想（2021年4月1日～2022年3月31日）

（%表示は対前期増減率）

	営業収益		営業利益		税引前利益		当社に帰属する当期利益		基本的1株当たり当社に帰属する当期利益
	百万円	%	百万円	%	百万円	%	百万円	%	円 銭
通期	12,000,000	0.5	1,730,000	3.5	1,716,000	3.8	1,085,000	18.4	300.00

す。私の基準はプラスであることですので、ＮＴＴはかろうじて基準を満たしています。

上部一番右に「当社に帰属する当期利益」とありますが、これが親会社株主に帰属する当期純利益のことです。２０２０年度の数値は、「９１６１億８１００万円、７・１％」となっていますので、純利益成長率も私の基準であるプラスに合致しています。

売上高成長率、純利益成長率ともにプラスですので、ＮＴＴの収益性に問題はありません。

中段の「⑵連結財政状態」の５つの項目の右から2つめに「株主資本比率」とありますが、これが自己資本比率のことです。２０２０年度は「32・９％」。私の基準の20％以上ですので、ＮＴＴの中長期の安全性は十分に高いと言えます。

ＰＥＲとＰＢＲを計算するには、現在の株価を知る必要がありますので、「ＮＴＴ　株価」でネット検索します。

ＮＴＴの株価は、３０００円を超えていますが、ここでは切りよく「３０００円」としましょう。

ＰＥＲは、株価÷１株当たりの当期純利益で計算できます。決算短信の営業収益の下に「基本的1株当たり当社に帰属する当期利益」として２０２０年度は「２４８円15銭」とあります。3000÷248・15＝12・08…ですので、PERは約12・1倍。私の基準値20倍以下に合致します。

PBRは、株価÷1株当たりの純資産で計算できます。先ほどの株主資本比率の右側に「1株当たり株主資本」があり、2020年度は「2087円98銭」となっています。3000÷2087・98＝1・43…ですので、PBRは約1・4倍。私の基準値2倍未満に合致します。

NTTは、PER、PBRとも私の基準値に合致しましたので、株価は妥当だと言えるでしょう。

最後に、配当利回りですが、決算短信の下部「2　配当の状況」の一番右に「株主資本配当率」として2020年度は「5・0％」とあります。これは株主資本に対する配当利回りのことです。

左の年間配当金の2021年度（予想）の合計金額は、「110円」となっています。これが1株当たりの年間配当額のことです。110÷3000＝0・0366…ですので、予想配当利回りも約3・7％となり、私の基準に合致します。

以上のことから、**5つの指標すべてで基準値を満たしたNTTは、投資先としてふさわ**

しい企業であることが分かります。

ただ1点、難点をあげるなら、日本リスクの回避には向かない企業だということでしょうか。決算短信の添付資料の3ページを見ると、「グローバル事業の競争力強化」とありますので、今後、海外での事業比率が上がってくれれば、投資先として検討してみてもよいかもしれません。

◉企業分析②：伊藤忠商事

次に、日本を代表する商社の1つ、伊藤忠商事を見ていきます。

上部一番左、2021年3月期の「収益（売上高）」は、「10兆3626億2800万円」で、売上高成長率は「マイナス5・6％」。

上部一番右から2つめ、2021年3月期の「当社株主に帰属する当期純利益」は「4014億3300万円」で、純利益成長率は、「マイナス19・9％」。

どちらも、私の基準であるプラスではなくマイナスですが、コロナ禍の特殊要因と見ることができます。1年だけを見るのではなく、あくまでも数年間で見る必要があります。長期投資をするのですからね。

2021年3月期 決算短信〔IFRS〕（連結）

2021年5月10日
上場取引所　東

上場会社名　伊藤忠商事株式会社
コード番号　8001　URL　https://www.itochu.co.jp/ja/ir/
代表者　（役職名）代表取締役副社長執行役員　（氏名）鉢村　剛
問合せ先責任者　（役職名）IR部長　（氏名）天野　優　TEL: 03-3497-7295
定時株主総会開催予定日　2021年6月18日　配当支払開始予定日　2021年6月21日
有価証券報告書提出予定日　2021年6月18日
決算補足説明資料作成の有無　：有
決算説明会開催の有無　：有（アナリスト向け）

（百万円未満四捨五入）

1. 2021年3月期の連結業績（2020年4月1日～2021年3月31日）

(1) 連結経営成績　（%表示は、対前期増減率）

	収　益		営業利益		税引前利益		当期純利益		当社株主に帰属する当期純利益		当社株主に帰属する当期包括利益	
	百万円	%	百万円	%	百万円	%	百万円	%	百万円	%	百万円	%
2021年3月期	10,362,628	△ 5.6	403,414	1.0	512,475	△ 26.9	440,883	△ 21.2	401,433	△ 19.9	655,259	134.2
2020年3月期	10,982,968	△ 5.3	399,438	10.5	701,430	0.9	559,209	2.5	501,322	0.2	279,832	△ 39.8

	基本的1株当たり当社株主に帰属する当期純利益	希薄化後1株当たり当社株主に帰属する当期純利益	株主資本当社株主に帰属する当期純利益率	総資産当社株主に帰属する当期純利益率
	円 銭	円 銭	%	%
2021年3月期	269.83	—	12.7	3.6
2020年3月期	335.58	—	17.0	4.5

（参考）1. 持分法による投資損益　2021年3月期　228,636百万円　（11.1%）　2020年3月期　205,860百万円　（109.9%）
2. 当期包括利益　2021年3月期　729,579百万円　（115.9%）　2020年3月期　337,944百万円　（△33.9%）

(2) 連結財政状態

	総 資 産	資本合計	株主資本	株主資本比率	1株当たり株主資本
	百万円	百万円	百万円	%	円 銭
2021年3月期	11,178,432	3,870,240	3,316,281	29.7	2,232.84
2020年3月期	10,919,598	3,840,609	2,995,951	27.4	2,010.33

(3) 連結キャッシュ・フローの状況

	営業活動によるキャッシュ・フロー	投資活動によるキャッシュ・フロー	財務活動によるキャッシュ・フロー	現金及び現金同等物期末残高
	百万円	百万円	百万円	百万円
2021年3月期	895,900	△ 207,296	△ 728,767	544,009
2020年3月期	878,133	△ 248,766	△ 575,482	611,223

2. 配当の状況

	年間配当金					配当金総額（合計）	配当性向（連結）	株主資本配当率（連結）
	第1四半期末	第2四半期末	第3四半期末	期末	合計			
	円 銭	円 銭	円 銭	円 銭	円 銭	百万円	%	%
2020年3月期	—	42.50	—	42.50	85.00	126,875	25.3	4.3
2021年3月期	—	44.00	—	44.00	88.00	131,017	32.6	4.1
2022年3月期（予想）	—	47.00	—	47.00	94.00		25.4	

3. 2022年3月期の連結業績予想（2021年4月1日～2022年3月31日）

（%表示は、対前期増減率）

	当社株主に帰属する当期純利益		基本的1株当たり当社株主に帰属する当期純利益
	百万円	%	円 銭
通期	550,000	37.0	370.31

（注）当社の経営計画及び業績評価は通期ベースで行っており、第2四半期連結累計期間の業績予想は作成しておりません。
（注）基本的1株当たり当社株主に帰属する当期純利益の計算には、2020年6月12日開催の当社取締役会の決議に基づく自己株式の取得のうち、2021年4月1日以降の取得分の影響は含んでおりません。

「株主資本比率（自己資本比率）」は、２０２１年３月期は「29・7％」ですので、基準値の20％を上回っており、中長期の安全性については問題ありません。私は、**商社は15％あれば安全性に問題はない**と考えていますので、伊藤忠商事は、非常に良い数値だと言えます。

伊藤忠商事の株価は現在、３０００円を少し超えていますが、ここでは「３０００円」とします。

「基本的１株当たり当社株主に帰属する当期純利益」が、２０２１年３月期は「２６９円83銭」。３０００÷２６９・83＝11・11…ですので、ＰＥＲは約11・１倍。私の基準値25倍以下です。

「１株当たり株主資本（純資産）」は、２０２１年３月期は「２２３２円84銭」。３０００÷２２３２・84＝１・34…ですので、ＰＢＲは約１・３倍。私の基準値2倍以下です。

２０２２年３月期の予想配当金は前年より上がり「94円」。94÷３０００＝３・13…ですので、予想配当利回りは約３・１％となり、３％以上をキープできそうです。

伊藤忠商事は、収益力が２０２１年３月期は少し下がっていますが、これが回復してくる可能性も高く、投資先になり得ることが分かります。

伊藤忠商事に限りませんので、商社は海外ビジネスに古くから取り組んでいますので、日本リスクを回避する目的で投資するなら、検討したい業種だと言えます。日本の商社株は割安感があることから、世界有数の投資家のウォーレン・バフェットが買い入れたことで話題になったことをご存じの方も多いでしょう。

◉商社が投資先として魅力的な理由

私が就職した約40年前の1980年代前半には、「商社冬の時代」と言われており、学生の就職先として、商社の人気が下がり、金融の人気が上がっていました。

当時の商社は「仲介貿易」を主に行っていたのですが、日本の製造業の海外進出が進み、現地法人をつくるなどして直接海外に販売できるようになったため、商社の仲介という役割が低くなったため冬の時代と言われたのです。

そこで商社がどうしたかと言うと、投資会社に変貌しました。日本の商社は、現在では世界有数の投資会社になっており、世界中のエネルギーや資源への投資をはじめ、多くの業種に投資しています。

お金を投資するだけでなく、優秀な人材を経営者として派遣する場合も多く、世界中で会社を経営しています。そう考えると、**商社は巨大な投資ファンドだと言うこともできるでしょう。**

三菱商事や三井物産と伊藤忠商事の違いは、三菱商事と三井物産が資源ビジネスの割合が高いのに対して、伊藤忠商事は資源ビジネスの割合が低い点です。ですので、資源価格が高いときは、三菱商事や三井物産のほうが業績が良く、資源価格が低いときは、逆に伊藤忠商事の業績のほうが良くなる傾向があります。

ローソンは三菱商事の傘下で、ファミリーマートは伊藤忠商事の傘下です。丸紅はチリで水事業を行っています。それ以外にも、日本の商社は、炭素やアンモニアなどでも世界的なビジネスを行っています。

また、いくつかの商社には、「ユニクロ課」があります。ユニクロのファーストリテイリングの売上高は、ざっくり約2兆円で、その半分が原材料費だとすると、約1兆円です。複数の商社を通して数千億円単位で原材料を買っており、その数%が商社の利益だとしても、数十億円から数百億円になるので、一部の商社にはユニクロだけを担当するユニクロ課があるというわけです。

ユニクロのために、エジプトで綿を買い付け、それをイタリアで染めて、中国で加工するといった一連の手配を全部商社がやっています。

商社は、このように多種多様なビジネスを行っているので、あるビジネスが悪くても、ほかのビジネスが良ければ、全体として業績のバランスがとれます。そのようなビジネス・ポートフォリオを商社は形成しています。

商社冬の時代と言われた約40年前の利益は100億円単位でしたが、現在は、ここで見た伊藤忠商事のように、当時の10倍の1000億円単位の利益を生み出しています。投資会社になって利益率が向上したのです。

商社は、配当利回りも高い傾向があり、伊藤忠商事も、三菱商事も、三井物産も3％を超えています。商社は、将来性のある事業に投資を行っているわけですから、長期投資の投資先として非常に魅力的なのではないでしょうか。

◉企業分析③：ヤマトホールディングス

「宅急便」を生み出した運輸業のリーディングカンパニー、ヤマトホールディングスは、私の投資基準を満たすことができているでしょうか。見てみましょう。

2021年3月期の「営業収益」は「1兆6958億6700万円」で、売上高成長率は「4・0％」。クリアしています。

2021年3月期の「親会社株主に帰属する当期純利益」は「567億円」。純利益成長率は「154・0％」。文句なしのクリアです。純利益が前年より2・5倍以上も増えたのは、コロナで巣ごもり需要が伸び、ネット販売などが増えたことが好業績につながったのだと思われます。

以上から、ヤマトの収益性は十二分に高いと言えます。

「自己資本比率」は、2021年3月期は「52・9％」、2020年3月期も「50・4％」でしたので中長期の安全性は万全です。

ヤマトの株価は、2800円前後で推移していますので、ここでは「2800円」としましょう。

「1株当たり当期純利益」は、2021年3月期は「151円55銭」。2800÷151・55＝18・47…ですので、PERは約18・5倍。

「1株当たり純資産」は、2021年3月期は「1553円45銭」。2800÷1553・45＝1・80…ですので、PBRは約1・8倍。

PER、PBRとも私の基準値をクリアしていますので、株価は割安だと言えます。

2021年3月期 決算短信〔日本基準〕(連結)

2021年4月28日

上場会社名　ヤマトホールディングス株式会社　　上場取引所　東
コード番号　9064　URL https://www.yamato-hd.co.jp/
代表者　(役職名) 取締役社長　(氏名) 長尾 裕
問合せ先責任者　(役職名) 常務執行役員 財務・IR統括担当　(氏名) 樫本 敦司　TEL 03-3541-4141
定時株主総会開催予定日　2021年6月24日　配当支払開始予定日　2021年6月3日
有価証券報告書提出予定日　2021年6月18日
決算補足説明資料作成の有無　：　有
決算説明会開催の有無　：　有

(百万円未満切捨て)

1. 2021年3月期の連結業績(2020年4月1日～2021年3月31日)

(1) 連結経営成績　(%表示は対前期増減率)

	営業収益		営業利益		経常利益		親会社株主に帰属する当期純利益	
	百万円	%	百万円	%	百万円	%	百万円	%
2021年3月期	1,695,867	4.0	92,121	106.1	94,019	131.4	56,700	154.0
2020年3月期	1,630,146	0.3	44,701	△23.4	40,625	△25.1	22,324	△13.1

(注) 包括利益　2021年3月期　73,292百万円　(324.0%)　2020年3月期　17,285百万円　(△36.0%)

	1株当たり当期純利益	潜在株式調整後1株当たり当期純利益	自己資本当期純利益率	総資産経常利益率	営業収益営業利益率
	円 銭	円 銭	%	%	%
2021年3月期	151.55	―	10.0	8.6	5.4
2020年3月期	56.78	―	4.0	3.7	2.7

(参考) 持分法投資損益　2021年3月期　△766百万円　2020年3月期　△4,168百万円

(2) 連結財政状態

	総資産	純資産	自己資本比率	1株当たり純資産
	百万円	百万円	%	円 銭
2021年3月期	1,089,991	584,287	52.9	1,553.45
2020年3月期	1,100,739	562,835	50.4	1,441.20

(参考) 自己資本　2021年3月期　576,367百万円　2020年3月期　555,173百万円

(3) 連結キャッシュ・フローの状況

	営業活動によるキャッシュ・フロー	投資活動によるキャッシュ・フロー	財務活動によるキャッシュ・フロー	現金及び現金同等物期末残高
	百万円	百万円	百万円	百万円
2021年3月期	123,921	44,078	△123,247	241,284
2020年3月期	74,433	△49,943	△22,368	196,662

2. 配当の状況

	年間配当金					配当金総額(合計)	配当性向(連結)	純資産配当率(連結)
	第1四半期末	第2四半期末	第3四半期末	期末	合計			
	円 銭	円 銭	円 銭	円 銭	円 銭	百万円	%	%
2020年3月期	―	15.00	―	26.00	41.00	15,929	72.2	2.9
2021年3月期	―	16.00	―	30.00	46.00	17,089	30.4	3.1
2022年3月期(予想)	―	23.00	―	23.00	46.00		32.2	

(注1) 2020年3月期期末配当金の内訳　普通配当16円00銭　記念配当10円00銭

3. 2022年3月期の連結業績予想(2021年4月1日～2022年3月31日)

(%表示は、通期は対前期、四半期は対前年同四半期増減率)

	営業収益		営業利益		経常利益		親会社株主に帰属する当期純利益		1株当たり当期純利益
	百万円	%	百万円	%	百万円	%	百万円	%	円 銭
第2四半期(累計)	840,000	4.2	28,000	4.0	28,000	0.2	6,000	△57.7	16.17
通期	1,775,000	4.7	95,000	3.1	95,000	1.0	53,000	△6.5	142.85

配当利回りは46÷2800＝1・6％ですので少し低いです。

ヤマトは、私の5つの指標のうち4つをクリアしていますので、投資先としての資格はあります。

ただし、NTTと同様に、ヤマトは海外比率が低いので、日本リスクを回避する目的で投資するのであれば、少し考えたほうがいいかもしれません。

◉ヤマトが日本一の調剤薬局になる？

ヤマトと言えば物流ですが、その物流を活かした新しいビジネスにもヤマトは挑戦しています。

たとえば、家電製品などの修理事業。羽田の物流センターにあらゆる製品を修理できる機能を備え、修理品をお客さまの自宅に引き取りに行き、修理を行い、修理後に配達するところまでを一気通貫で行っています。

同様の発想をすると、これは私の考えですが、ヤマトは日本一の調剤薬局になれます。

私は調剤薬局会社の社外役員を長くやっているので多少この業界には詳しいのですが、ご存じの通り、調剤薬局は医者が出した処方通りに薬を調剤して販売しています。現在、薬剤師は1日40枚まで処方を調剤できるルールなのですが、薬剤師が足りないこともあり、規制緩和が議論されています。

アメリカでは、すでにネットで処方通りの薬を出すことも可能になっています。これと同じことが日本でもできるようになれば、ヤマトがあらゆる薬をストックした場所で薬剤師による処方通りの調剤を行い、オンラインなどで服薬指導を行い、その薬を患者さんに配達することができます。

1日に何万という数の薬を調剤して配達することができれば、ヤマトが日本一の調剤薬局になれるというのが、私の見立てです。

話は変わりますが、ドラッグストアが日本全国に非常に増えています。売っているのは市販薬に限らず、飲料や加工食品、生鮮食料品まで販売しており、ちょっとしたスーパーです。

薬剤師がいるドラッグストアもあり、調剤薬局を兼ねているケースもあります。

こうしたドラッグストアが人気なのは、飲料や食品がスーパーやコンビニよりも安いからでしょう。

では、なぜドラッグストアはスーパーやコンビニよりも飲料や食品を安く販売することができるのでしょうか。

理由は、薬は利幅が大きいからです。このため、飲料や食品の利益が少なくても経営が成り立つのです。


私が役員をしていた調剤薬局会社は、タクシー会社を買収して、タクシーを午前中比較的安く借り切っていました。

調剤薬局に来る人は、当然、その前に病院に行きます。高齢者が病院に行くときは家族に車で送ってもらえるのですが、帰りに迎えに来てはもらえない場合が多い。そこで、調剤薬局がタクシーを借り切って、タクシーを何台かスタンバイさせておき、数人が乗ったら、各人を家まで送るというサービスを行っていたのです。

タクシーが忙しいのは主に夕方から夜、深夜です。高齢者が病院に行くのは朝一番で、帰るのは午前中ですから、タクシーが暇な時間です。

したがって、比較的安く借り切られているにしても、タクシー会社も、タクシー運転手も、午前中に確実に稼げます。一方、タクシーで送ってもらえるのですから、高齢者は喜んでこの調剤薬局で薬を買います。

粗利の高いビジネスと粗利の低いビジネスを組み合わせる。忙しい時間帯が違うビジネス同士を組み合わせる。これが商売のコツです。

ヤマトに話を戻すと、本当に調剤薬局をやるかどうかはさておき、物流は将来も絶対になくなりません。いくらインターネットが発達しても、実物をインターネットで運ぶことはできないからです。

ヤマトが得意な物流システムを、海外、特に中国をはじめとしたアジアで構築できたら、非常に将来有望です。ヤマトも当然のことながら、海外進出をすでに行っています。これが成功するかどうか、注意深く見ていきたいと思います。

◉企業分析④：オリエンタルランド

ヤマトはコロナで好業績でしたが、コロナで業績不振に陥っている企業も多々あります。

そこで、ディズニーランドなどを運営するオリエンタルランドの決算短信を見てみましょう。

2021年3月期の「売上高」は「1705億8100万円」。売上高成長率は「マイナス63・3％」と大幅に減っています。理由は説明するまでもなくコロナです。前年の売上高成長率が「マイナス11・6％」なのも、2020年の2月ごろからコロナの影響が出始め、稼ぎどきの3月にディズニーリゾートを休園したためです。

「親会社株主に帰属する当期純利益」は、2020年3月期は「622億1700万円」ありましたが、2021年3月期は「マイナス541億9000万円」と大幅赤字に陥りました。赤字のため、純利益成長率は算出できません。

コロナが、オリエンタルランドの収益性に、これ以上ないほどの大打撃を与えたことが分かります。ただし、コロナ前の業績を見ると、安定した高収益を上げていました。

「自己資本比率」は、2021年3月期「73・0％」。2020年3月期の「81・2％」に比べると落ちていますが、それでも私の基準値の20％をはるかに超えています。コロナによる大打撃を受けても、オリエンタルランドの中長期の安全性は万全だと言えます。

そして、オリエンタルランドの株価ですが、コロナショック時に1万2000円前後まで下げましたが、現在は1万8000円を超えています。株価は、コロナ前よりも高くなっているのです。なぜでしょうか。

Oriental Land Co.,Ltd.

2021年3月期 決算短信 日本基準）連結）

2021年4月28日

上場会社名　株式会社 オリエンタルランド　　上場取引所　東
コード番号　4661　URL http://www.olc.co.jp
代表者　役職名）代表取締役社長　氏名）上西　京一郎
問合せ先責任者　役職名）執行役員経理部長　氏名）堀川　健司　TEL 047 - 305 - 2035
定時株主総会開催予定日　2021年6月29日　配当支払開始予定日　2021年6月30日
有価証券報告書提出予定日　2021年6月29日
決算補足説明資料作成の有無　：　有
決算説明会開催の有無　：　有　機関投資家向け）

百万円未満切捨て）

1. 2021年3月期の連結業績 2020年4月1日～2021年3月31日）

(1) 連結経営成績

%表示は対前期増減率）

	売上高		営業利益		経常利益		親会社株主に帰属する当期純利益	
	百万円	%	百万円	%	百万円	%	百万円	%
2021年3月期	170,581	△63.3	△45,989	—	△49,205	—	△54,190	—
2020年3月期	464,450	△11.6	96,862	△25.1	98,062	△24.2	62,217	△31.1

注）包括利益　2021年3月期　△49,424百万円　（-%）　2020年3月期　51,649百万円　（△44.9%）

	1株当たり当期純利益	潜在株式調整後1株当たり当期純利益	自己資本当期純利益率	総資産経常利益率	売上高営業利益率
	円 銭	円 銭	%	%	%
2021年3月期	△165.51	—	△6.9	△4.8	△27.0
2020年3月期	189.23	183.31	7.7	9.5	20.9

参考）持分法投資損益　2021年3月期　△485百万円　2020年3月期　△183百万円

注）当連結会計年度の潜在株式調整後1株当たり当期純利益については、潜在株式は存在するものの1株当たり当期純損失であるため、記載しておりません。

(2) 連結財政状態

	総資産	純資産	自己資本比率	1株当たり純資産
	百万円	百万円	%	円 銭
2021年3月期	1,040,465	759,948	73.0	2,320.71
2020年3月期	1,010,651	820,257	81.2	2,505.55

参考）自己資本　2021年3月期　759,948百万円　2020年3月期　820,257百万円

(3) 連結キャッシュ・フローの状況

	営業活動によるキャッシュ・フロー	投資活動によるキャッシュ・フロー	財務活動によるキャッシュ・フロー	現金及び現金同等物期末残高
	百万円	百万円	百万円	百万円
2021年3月期	△23,834	△160,738	88,724	165,317
2020年3月期	73,336	20,534	△55,257	261,164

2. 配当の状況

	年間配当金					配当金総額（合計）	配当性向（連結）	純資産配当率（連結）
	第1四半期末	第2四半期末	第3四半期末	期末	合計			
	円 銭	円 銭	円 銭	円 銭	円 銭	百万円	%	%
2020年3月期	—	22.00	—	22.00	44.00	14,451	23.2	1.8
2021年3月期	—	13.00	—	13.00	26.00	8,519	—	1.1
2022年3月期(予想)	—	—	—	—	—		—	

注）1. 配当金総額には、従業員持株会型ESOPの信託口に対する配当金支払額（2020年3月期14百万円、2021年3月期6百万円）を含んでおります。
配当性向は、この配当金総額を親会社株主に帰属する当期純利益で除して算出しています。
2. 2022年3月期の第2四半期末及び期末の配当については、現時点で合理的な業績予想の算定が困難なため、記載しておりません。

3. 2022年3月期の連結業績予想 2021年4月1日～2022年3月31日）

2022年3月期の連結業績予想については、現時点で合理的な業績予想の算定が困難なため、記載しておりません。詳細は、添付資料P.3「1. 経営成績等の概況 (4)今後の見通し」をご覧ください。

「コロナが終息したら、ディズニーランドに絶対に行きたい」

こう思っている人が、たくさんいることでしょう。私だって思っています。**ディズニーランドには、固定ファン、リピーターが数多くおり、この人たちが「今か、今か」とディズニーランドに行ける日を待っており、**インバウンドも復活しますから、ディズニーリゾートの業績は、コロナが終息すればかなり高い確率で回復します。

将来にわたってディズニーランドのライバルとなる存在もいませんから、人気に陰りが出ることもおそらくありません。

私の知り合いには、ディズニーランドに年に何度も通いたいがために浦安に引っ越した人までいます。ディズニーランドに人生をかけている人もいるのです。

だから、業績は必ず戻ると考えられており、株価が上がっているのでしょう。

PERは、「1株当たり当期純利益」が赤字のため算出できません。

PBRは、2021年3月期の「1株当たり純資産」が「2320円71銭」ですので、18000÷2320・71＝7・75…、約7・8倍です。コロナショック時の1万2000円で計算しても、12000÷2320・71＝5・17…で約5・2倍ですので、私の基準値2倍を大きく超えています。

オリエンタルランドは、投資家の人気が高く、常に株価が割高な銘柄です。配当利回りも1％以下です。

世の中には、これだけ業績が急激に悪化しても株価が上がるオリエンタルランドのような企業もあるのです。

◉なぜコロナで業績が悪化しても株価が高いのか？

オリエンタルランドの株価が上がっているのは、ディズニーリゾートに行きたいファンが大勢おり、コロナが終息すれば業績が間違いなく回復するからだけではありません。

決算短信の貸借対照表（ＢＳ）を見ると、資産の部の「現金及び預金」が少し減ってはいますが、それでも２０２１年３月期に「１９７３億１７００万円」あります。売上高が約１７０５億円でしたから、売上高よりも多い現金、預金があるということです。

次に負債の部を見ると、「社債」が２０２０年３月期は「８００億円」だったのが、２０２１年３月期には「１５００億円」に増えています。

このように負債が増えているにもかかわらず自己資本比率が高いのは、純資産の部の「利益剰余金」が「６７８７億９２００万円」もあるからです。これまでに稼いできたお金がこれだけたくさん積み上がっているのです。

キャッシュ・フロー計算書を見ると、営業活動によるキャッシュ・フローの「減価償却費」が「458億9900万円」、「減損損失」が「56億3300万円」です。合計すると約515億円。

これに対して、投資活動によるキャッシュ・フローの「有形固定資産の取得による支出」が「マイナス1116億700万円」。つまり、企業の資産価値の目減り分である減価償却費などを大きく超える投資が行われているということです。

お客さんが少ないことを逆に好機ととらえて、現在、ディズニーランドでは様々な改修が進められ、新しいアトラクションがつくられています。すでにコロナ後を見据えた投資が行われているのです。経営としては素晴らしいと言えます。

ただ、オリエンタルランドは、利益剰余金がこれだけ積み上がっているにもかかわらず、配当が少額です。利益で得たキャッシュは、株主ではなく、来場してくださるお客さまのための設備投資に回すということなのでしょう。

オリエンタルランドは、盤石の財務基盤により安全性が高く、経済が通常時の収益性も抜群で、将来性もあります。コロナ後を見据えた投資も行っており、あとはコロナが終息するのをただただ待つだけです。こうしたことが分かっている投資家が株を買っているので、オリエンタルランドの株価は高いのです。

◉企業分析⑤：日本マクドナルドホールディングス

コロナで大打撃を受けているのは、オリエンタルランドだけではありません。飲食業の多くもコロナで大打撃を受けています。しかし、多種多様な飲食業のなかには、コロナでも好調を維持している企業があります。

日本マクドナルドホールディングスも、その1つで、飲食業の多くが売上を大きく減らしているなか、２０２０年12月期の「売上高」は、「２８８３億３２００万円」。売上高成長率が「２・３％」。

「親会社株主に帰属する当期純利益」は、「２０１億８６００万円」。純利益成長率はなんと「19・６％」。見事に増収増益を達成しています。

コロナなど、どこ吹く風で、マクドナルドの収益性に陰りはまったくありません。

「自己資本比率」を見ると、２０２０年12月期は「75・１％」。中長期の安全性は文句なしに高いと言えます。

マクドナルドの株価は、5000円を少し超えていますが、ここでは「5000円」とします。

「1株当たりの当期純利益」は、2020年12月期「151円83銭」。5000÷151・83＝32・93…ですから、PERは約32・9倍と、私の基準値25倍を少し超えています。

「1株当たり純資産」は、2020年12月期「1316円81銭」。5000÷1316・81＝3・79…で、PBRは約3・8倍。こちらも私の基準値の2倍を大きく超えています。

PER、PBRの数値から、マクドナルドの株価は、私の基準では割高だと判断できます。

配当利回りは0・7%と高くありません。

日本リスクを回避するという目的で投資するなら、「日本」マクドナルドですから、あまりふさわしくないとも言えます。

投資家の人気が高いマクドナルドですが、それだけに株価が割高であり、日本リスクを回避することにもあまりならないため、私は投資先としては選びません。

2020年12月期　決算短信〔日本基準〕（連結）

2021年２月９日

上場会社名　日本マクドナルドホールディングス株式会社　上場取引所　東
コード番号　2702　ＵＲＬ　https://www.mcd-holdings.co.jp
代表者　（役職名）代表取締役社長兼最高経営責任者（ＣＥＯ）　（氏名）サラ　L.カサノバ
問合せ先責任者　（役職名）執行役員　ＩＲ統括責任者　（氏名）中 澤 啓 二　ＴＥＬ　03-6911-6000
定時株主総会開催予定日　2021年３月26日　配当支払開始予定日　2021年３月29日
有価証券報告書提出予定日　2021年３月29日
決算補足説明資料作成の有無：有
決算説明会開催の有無　：有（アナリスト向け）

（百万円未満切捨て）

１．2020年12月期の連結業績（2020年１月１日～2020年12月31日）
（１）連結経営成績　（%表示は対前期増減率）

	売上高		営業利益		経常利益		親会社株主に帰属する当期純利益	
	百万円	%	百万円	%	百万円	%	百万円	%
2020年12月期	288,332	2.3	31,290	11.7	31,425	14.3	20,186	19.6
2019年12月期	281,763	3.5	28,018	11.9	27,487	7.2	16,885	△23.0

（注）包括利益　2020年12月期　20,174百万円（18.3%）　2019年12月期　17,058百万円（△16.9%）

	１株当たり当期純利益	潜在株式調整後１株当たり当期純利益	自己資本当期純利益率	総資産経常利益率	売上高営業利益率
	円 銭	円 銭	%	%	%
2020年12月期	151.83	―	12.1	13.8	10.9
2019年12月期	127.00	―	11.1	12.7	9.9

（参考）持分法投資損益　2020年12月期　―百万円　2019年12月期　―百万円

（２）連結財政状態

	総資産	純資産	自己資本比率	１株当たり純資産
	百万円	百万円	%	円 銭
2020年12月期	232,984	175,081	75.1	1,316.81
2019年12月期	221,696	159,295	71.9	1,198.08

（参考）自己資本　2020年12月期　175,081百万円　2019年12月期　159,295百万円

（３）連結キャッシュ・フローの状況

	営業活動によるキャッシュ・フロー	投資活動によるキャッシュ・フロー	財務活動によるキャッシュ・フロー	現金及び現金同等物期末残高
	百万円	百万円	百万円	百万円
2020年12月期	27,881	△44,051	△4,712	37,741
2019年12月期	44,952	△14,569	△15,102	58,624

２．配当の状況

	年間配当金					配当金総額（合計）	配当性向（連結）	純資産配当率（連結）
	第１四半期末	第２四半期末	第３四半期末	期末	合計			
	円 銭	円 銭	円 銭	円 銭	円 銭	百万円	%	%
2019年12月期	―	0.00	―	33.00	33.00	4,387	26.0	2.9
2020年12月期	―	0.00	―	36.00	36.00	4,786	23.7	2.9
2021年12月期（予想）	―	0.00	―	36.00	36.00		23.5	

３．2021年12月期の連結業績予想（2021年１月１日～2021年12月31日）
（%表示は、対前期増減率）

	売上高		営業利益		経常利益		親会社株主に帰属する当期純利益		１株当たり当期純利益
	百万円	%	百万円	%	百万円	%	百万円	%	円 銭
通期	299,500	3.9	32,000	2.3	31,500	0.2	20,400	1.1	153.43

◉企業分析⑥：楽天

最後に、日本のＩＴ企業大手、楽天の決算短信を見てみましょう。

２０２０年12月期の「売上収益」は、「１兆４５５５億３８００万円」と、売上高は１兆円をらくらく超えています。売上高成長率は、「15・２％」と大幅に伸びています。

ところが、「親会社の所有者に帰属する当期利益」は、２０２０年12月期「マイナス１１４１億９９００万円」と大幅な赤字です。

なぜ、これだけ売上高が伸びているのに大幅な赤字なのでしょうか。

その答えを知るためには、決算短信のセグメント情報を見る必要があります。

楽天は、「インターネットサービス」「フィンテック」「モバイル」の３つの事業に分けて、セグメント情報を公開しています。インターネットサービスとは、楽天市場をはじめとする事業のことで、フィンテックは、楽天カードや楽天証券、楽天銀行など、モバイルは、携帯電話など通信事業のことです。

インターネットサービスが約４００億円、フィンテックが約８００億円の利益を生み出しているのに対して、モバイルは約２２７０億円の赤字です。楽天の赤字の原因は、モバ

Rakuten

2020年12月期　決算短信〔ＩＦＲＳ〕（連結）

2021年２月12日

上場会社名　楽天株式会社　上場取引所　東
コード番号　4755　URL　https://www.rakuten.co.jp/
代表者　（役職名）代表取締役会長兼社長　（氏名）三木谷　浩史
問合せ先責任者　（役職名）副社長執行役員　最高財務責任者　（氏名）廣瀬　研二　TEL 050-5581-6910
定時株主総会開催予定日　2021年３月30日　配当支払開始予定日　2021年３月15日
有価証券報告書提出予定日　2021年３月30日
決算補足説明資料作成の有無　：　有
決算説明会開催の有無　：　有（機関投資家・アナリスト向け）

（百万円未満四捨五入）

１．2020年12月期の連結業績（2020年１月１日～2020年12月31日）

(1) 連結経営成績　（%表示は対前期増減率）

	売上収益		営業利益		税引前利益		当期利益		親会社の所有者に帰属する当期利益		当期包括利益合計額	
	百万円	%	百万円	%	百万円	%	百万円	%	百万円	%	百万円	%
2020年12月期	1,455,538	15.2	△93,849	―	△151,016	―	△115,838	―	△114,199	―	△132,401	―
2019年12月期	1,263,932	14.7	72,745	△57.3	△44,558	―	△33,068	―	△31,888	―	△42,818	―

	基本的１株当たり当期利益	希薄化後１株当たり当期利益	親会社所有者帰属持分当期利益率	資産合計税引前利益率	売上収益営業利益率
	円 銭	円 銭	%	%	%
2020年12月期	△84.00	△84.00	△17.0	△1.4	△6.4
2019年12月期	△23.55	△23.55	△4.2	△0.5	5.8

(2) 連結財政状態

	資産合計	資本合計	親会社の所有者に帰属する持分	親会社所有者帰属持分比率	１株当たり親会社所有者帰属持分
	百万円	百万円	百万円	%	円 銭
2020年12月期	12,524,438	629,014	608,738	4.9	446.78
2019年12月期	9,165,697	737,200	735,672	8.0	542.43

(3) 連結キャッシュ・フローの状況

	営業活動によるキャッシュ・フロー	投資活動によるキャッシュ・フロー	財務活動によるキャッシュ・フロー	現金及び現金同等物期末残高
	百万円	百万円	百万円	百万円
2020年12月期	1,041,391	△303,347	808,108	3,021,306
2019年12月期	318,320	△286,290	458,340	1,478,557

２．配当の状況

	年間配当金					配当金総額（合計）	配当性向（連結）	親会社所有者帰属持分配当率（連結）
	第１四半期末	第２四半期末	第３四半期末	期末	合計			
	円 銭	円 銭	円 銭	円 銭	円 銭	百万円	%	%
2019年12月期	―	0.00	―	4.50	4.50	6,103	―	0.8
2020年12月期	―	0.00	―	4.50	4.50	6,131	―	0.9
2021年12月期（予想）	―	―	―	―	―		―	

(注)2021年12月期の１株当たり配当金については未定です。

３．2021年12月期の連結業績予想（2021年１月１日～2021年12月31日）

2021年12月期（次期）の連結業績予想において、株式市況の影響を大きく受ける証券サービスを除いた連結売上収益については、2020年12月期（当期）に比べ二桁の成長率を目指します。（詳細は、P.６「１．経営成績等の概況（4）今後の見通し」をご覧ください。）

イルにあり、なぜモバイルがこれだけの大赤字になっていのるかと言えば、通信のための基地局の設置など、先行投資が膨らんでいるからです。

楽天は、ネット通販事業において、楽天市場は将来的にアマゾンに勝つのは難しそうです。金融業においても競争が激しく、将来大きく成長できるかは疑問です。

そこで、将来の成長のために携帯電話事業に参入したわけですが、そのためには**数千億円規模の膨大な先行投資が必要なため、大赤字になっているのです。**

しかも、第5世代移動通信システム「5G」への投資が終わっても、8年後くらいには「6G」への投資が必要になります。

携帯電話事業は非常な「金食い虫」のため、一定のシェアがとれないと赤字を垂れ流す状況が続きます。だから、シェアを少しでも高めるために、他社よりも低価格を打ち出しているのです。

決算短信の貸借対照表の資産の部を見ると、「現金及び現金同等物」が約3兆円あります。これは金融業を行っているためで、金融業は自己資本比率も低くなり、2020年12月期の「親会社所有者帰属持分比率」は「4・9%」です。

貸借対照表の資本の部を見ると、「利益剰余金」が2019年12月期には約4136億円ありましたが、２０２０年12月期は約２９００億円に減っています。これは赤字分の利益剰余金が減額したためです。

モバイルが黒字になるまで資金がもつのか、多くの投資家が注目しているのではないでしょうか。

楽天の株価は、１１００円前後なので、ここでは「１１００円」とします。

ＰＥＲは、赤字のため算出できません。

ＰＢＲは、「１株当たり親会社所有者帰属持分」が、２０２０年12月期は「４４６円78銭」ですので、１１００÷４４６・78＝２・46…で、約２・５倍。私の基準値２倍以下には合致しません。

配当利回りは現在の株価だと０・４％程度で、こちらも、私の基準値３％以上に合致しませんので、私は楽天への株式投資は行いません。

楽天の三木谷浩史社長は起業家で、起業家というのは新しい事業に挑戦するのが大好きです。その意気や良しで投資を行うと、大儲けできるかもしれないし、大損することになるかもしれません。

私はこうした投資は行いませんが、それが悪いと言うつもりもありません。

◉子どもに入社して欲しい企業と投資する企業は違う

いかがだったでしょうか。５つの指標による企業分析は、案外かんたんにできることが分かってもらえたのではないでしょうか。ただし、数年間分の分析を行わないと、とくに今のようなコロナショックの際には分析はできません。

決算短信を見て計算するのは面倒くさいという人は、「ヤフーファイナンス」で企業名を検索すれば、株価はもちろん、配当利回り、ＰＥＲ、ＰＢＲの数値が見られます。

「企業情報」をクリックし、基本情報の「連結決算推移」をクリックすれば、売上高、当期利益、自己資本比率を過去３期分見ることができます。

ネット証券に口座をつくれば、今回紹介した５つの指標は、どれも基本的な指標なので、かんたんに調べることができると思います。

投資先の企業選びは楽しいものです。数字の裏側に隠れている、その企業の課題や将来への打ち手が見えてくるようになると、さらに面白くなります。

こうして**自分の余裕資金に応じた投資先企業を常に数社選んでおけば、株式相場でバー**

ゲンセールが始まったときに、あわてずに買いたい株を買えるはずです。常日頃の準備を怠らなければ、幸運の女神は必ずやって来ます。

投資先企業選びに関して1つだけ言っておくと、**私は「社員に優しい」などと言っている企業の株は買いません。株を買うなら、社員に厳しい会社がいいとさえ思っています。**自分の子どもを入社させたい企業は、社員に優しい企業ですが、株を買いたい企業は、社員に厳しく、業績にも厳しい企業です。

◉投資信託を「ふるいにかける」2つのルール

ここまで株式投資について述べてきましたが、日本企業の株以外に、私はいくつかの投資信託も買って持っています。

なぜ投資信託を買ったのかと言うと、個人では買えないものへの投資がかんたんにできるからです。たとえば、日本リスクを回避するために、海外の新興国債券などに投資したいと思っても、個人ではなかなかできません。

投資信託にも、「シャープレシオ」などの独特の指標が多数ありますが、これらについて知っておくに越したことはありませんが、知らなくても、モーニングスターなどがその投資信託のリスク評価を星の数や数値などで表示してくれていますので、それを見るだけでもリスクの大小は分かります。

また、私は投資信託に関しては、次の2つの「買わない」ルールを持っています。

①純資産残高が1000億円未満は買わない
②設定日から3年以内は買わない

純資産残高とは、その投資信託への投資家からの投資の総額のことで、純資産残高が多いということは、それだけたくさん買われているということで、人気があることを示しています。投資信託の業績がいいから人気があると考えることもできます。

投資信託は非常にたくさんあるので、それらをふるいにかけるために、やや高めの1000億円にしていますが、純資産残高も日々変動するので、あくまでも目安で絶対的なものではありません。

設定日とは、その投資信託の運用が始まった日のことで、設定日から3年間ぐらいの運用実績を見たうえでないと、その投資信託の真価は分からないと考えているため、3年以内のものは買わないというルールをつくっています。

◉投資信託は「自分では買えない」ものを買う

私は、新興国の債券をオーストラリアドル建てにした投資信託を持っています。こうした特定の外貨で持つことを「ヘッジする」と言い、新興国の債券をオーストラリアドルでヘッジする投資を行うことなど、私個人では絶対にできません。自分では買えない投資先なので投資信託を買ったのです。

なぜオーストラリアドルでヘッジしている投資信託を買ったのかと言えば、オーストラリアが資源国だからです。資源は有限ですからオーストラリアの国力は今後も強く、オーストラリアの通貨も強いという見立てだったのですが、現在は、石炭がＣＯ$_2$削減のやり玉にあがっているのと、中国がオーストラリアから一切資源を買わなくなったことから、オーストラリアドルが一時通貨としてやや弱くなりました。

このため、この投資信託で損は出ていませんが、それほど儲かってもいません。

新興国債券をブラジルレアルでヘッジした投資信託も持っているのですが、こちらもほとんど儲かっておらず、私の見立てがはずれた格好です。

というのは、2009年にお客さんをブラジルに連れて行った際、ブラジルの実情を垣間見て、「これはなかなか将来性がありそうだ」と思ったので買ったのですが、いまのところ投資実績としてはパッとしません。

2014年にサッカーのワールドカップが開催され、2016年にリオデジャネイロオリンピック・パラリンピックが開催されることもブラジル経済にはプラス要因だと思ったのも、この投資信託を買った理由の1つでした。

ブラジルは農業国のイメージがありますが、工業国でもあります。有名なところでは、世界第3位の旅客機メーカー、エンブラエルがあります。資源もあり、人口も多い。また、当時は「BRICS」と言われて、今後成長が見込まれる国の1つと言われていました。

ちなみに、BRICSは、ブラジル、ロシア、インド、中国、南アフリカの頭文字です。

ブラジルに直接投資を行っているわけではありませんが、新興国の債券をブラジルレアルでもっているかたちなので、レアルが上がれば債券も上がると思ったのですが、この予想は見事にはずれました（ちなみに、米国のREITやハイイールド債に投資している投資信託は、10年で2倍強のリターンとなっています）。

投資信託は、自分では買えない、投資できないものに投資できるというメリットがあります。特に海外への投資は、個人ではなかなかできませんので、投資信託が向いていると言えるでしょう。日本リスクを回避する目的なら、一考の価値があります。

ただし、海外への投資ですから、為替リスクがあります。

一般的には、債券と株式では、債券のほうが株式よりも価格の変動幅が小さいので、債券のほうが株式よりもリスクが小さくなります。

したがって、1番リスクが高いのが外貨建て株式投資、2番が国内の株式投資、3番が外貨建て債券投資、4番が国内の債券投資という順番になります。

先ほど述べたオーストラリアドルやブラジルレアルでヘッジした投資信託には、為替リスクがあります。ただ、新興国債券への投資のため、株式投資ほどリスクは高くありません（ただし、もちろんある程度のリスクはあります）。投資信託には、為替リスクを回避してくれる「為替ヘッジあり」というものもあります。これを選ぶと、為替リスクを回避できます（ヘッジは回避という意味）が、円に近い利回りとなります。

海外に投資する投資信託を選ぶ際には、為替リスクも十分に考慮に入れることが不可欠ですが、リスクをヘッジするとリターンも落ちるのです。

◉暗号資産(仮想通貨)は絶対に買わない

お金を増やすためにと言うよりは、一攫千金を狙って「ビットコイン」に代表される暗号資産（仮想通貨）を買ってみたいと考えている人がいるかもしれません。

暗号資産は現在のところは、間違いなく投資ではなく「投機」です。ギャンブルやばくちと同じだと言っても過言ではありません。

「暗号資産は、カジノのチップと同じだ」

こう言う人もいるくらいですが、私もまったく同感です。

暗号資産は、これからも残っていくとは思いますが、あまりにも価格変動が激し過ぎるため、決済通貨として使うことはほとんどできないでしょう。

これだけ価格変動が激しくなる理由は、需給だけで価格が決まっているからです。価格の変動にストーリーがありません。上がったとしても、そこにロマンも感じられません。ですから私は、絶対に暗号資産は買いません。**自分で価格変動の予想や仮説（ストーリー）を立てられないからです。**

他方、**株式投資などには、経済や経営の指標を読み解くことで見えてくるストーリーがあります。株式投資などを通じて、その企業を応援するというロマンもあります。**自分の大切なお金をどちらにつかうのか。みなさんも考えてみてはいかがでしょうか。

第5章

新時代の投資のヒントの見つけ方

◉コロナで「未来が早くやって来た」

私は、新型コロナウイルスのパンデミックによって、「未来が早くやって来た」と考えています。

たとえば、働き方。日本政府があれだけ声高に「働き方改革」を叫んでも、ほとんど進まなかったテレワークや在宅勤務が、コロナによって一気に進みました。時差通勤どころか、通勤自体が大幅に減少しました。

2020年4月、最初の緊急事態宣言が発出されましたが、このとき通勤電車はガラガラになりました。このガラガラの通勤電車というのが、まさに日本の未来の姿です。

日本は将来的に生産年齢人口が減少し、働く人が減るとともに、テレワークなどの通勤を必要としない働き方が主流になるからです。新幹線などはインバウンドの回復とともに旅客は戻るでしょうが、通勤客は長期的には減少です。

実際にテレワークを経験し、「ズーム（Zoom）」などのウェブ会議システムを使えば、社内の打ち合わせや会議はもちろん、お客さまとの打ち合わせや商談であっても、「これで十分」だということを多くの人たち、多くの企業が身をもって理解したのではないでしょうか。私は会議や講演のかなりの部分がZoomになりました。移動時間が必要なくなった分、効率的ですから、コロナ後も多くの打ち合わせや会議は、ウェブ会議システムが使われることになるでしょう。

そして、こうした働き方の変化によって、働く人たちの二極化がさらに進み、顕著になることも明白です。

テレワークが進むと、「ワーケーション」（ワークとバケーションを合わせた造語）と称して、海の見える場所で仕事ができるようになるかもしれません。海の見える場所できちんと仕事ができれば、それはそれでいいのですが、海ばかり見ていて仕事がおろそかになる人が出てくることも想像に難《かた》くありません。

これまでは、仕事の能力がそこそこでも、「面白いやつだから」「まあ、よくがんばっているし」といったことで継続的に雇われていた人たちもいましたが、会社に来なくなれば、そうした甘い評価はなくなり、仕事の成果がより問われるようになります。

海を見ながら成果を出せる人は問題ありませんが、海ばかり見ていて成果が出ない人に対しては、「一生海を見ていれば」などと会社に言われて、三行半《みくだりはん》をつきつけられてしまう人も出てくることでしょう。

これからは、能力差が以前にもまして明白になり、稼げる人と稼げない人の二極化が進むことになります。その兆候はすでに見え始めているのではないでしょうか。

◉東京のオフィスの空室率は、すでに危険水域

コロナでテレワークや在宅勤務が増えても、仕事が十分にできることが分かったことで、多くの企業がオフィスの見直しを行っています。社員が毎日来ないのであれば、オフィスの面積を縮小する、あるいはオフィスの数を減らすことで、大幅に経費を削減できるからです。

ヤフーは、テレワークなどで出社率が約1割になったことから、2021年11月までに、都内のオフィス面積の約4割を縮小すると発表しました。

ヤフーなどのＩＴ企業は、インターネット環境さえあれば、どこでも仕事ができる場合が多いのでしょう。私たちコンサルタントもそうですが、ホワイトカラー職種の多くは、オフィスでなくても仕事ができます。

オフィスの縮小が進めば、オフィス需要も当然ながら減少します。実際、東京都の中心5区、千代田区、中央区、港区、新宿区、渋谷区のオフィスの空室率が上昇。不動産業界

では、空室率が5％を超えると危険水域と言われていますが、オフィス専門の仲介企業、三鬼商事の調査データによれば、2021年9月現在、千代田区が4・61％とかろうじて5％を切っていますが、中央区5・60％、港区8・68％、新宿区6・13％、渋谷区6・75％と、オフィスの空室率が5％を大きく超えています。

空室率が上がれば、賃料を下げて入居を増やそうとしますので、オフィスの平均賃料も値下がりしています。

こうしたオフィスの空室率の上昇と賃料の低下という変化が、コロナ後に元に戻るかと言えば、私は戻らないのではないかと予想しています。

コロナで様々な変化が起きていますが、そうした変化のなかには、**コロナ後に「元に戻る変化」と、コロナ後も「元に戻らない変化」があります。この2つのどちらの変化なのかを考えて見分けられると投資のヒントが見えてきます。**

◉通勤の乗車率が100％を超えることはもうない？

通勤や通学は、なくなりはしませんが、人口減少が進み、テレワークが主流になれば、将来には乗車率が100％を超えるようなことはなくなるかもしれません。

現在は当たり前に企業から支給されている通勤用の定期券が、支給されなくなる日が来ることも考えられなくはないのです（当社ではテレワークが進んだこともあり、定期券の支給はしなくなりました）。

通勤電車がコロナ前のように、乗車率100％を超えるような満員電車状態に戻らないとしたら、通勤用定期が企業から支給されなくなったら、通勤電車を運営している電鉄会社の経営はどうなると予想できるでしょうか。

通勤中心の電鉄会社の業績は、将来的には厳しくなると誰もが予想するはずです。

実は、その傾向はすでに表れていて、九州の西日本鉄道は売上の約7割をバスで稼いでいます。九州は過疎地が多く、福岡市とその隣の糸島市は人口が増えていますが、それ以外の地域はどこも人口が減っています。

電車を走らせるより、バスを走らせるほうがコストを低く抑えられます。だから、九州各地の電車がバスへと置き換わっているのです。

コンサルタントとしての私の経験上、「動かせないものは難しい」と思っています。これは、場所を動かせるものであれば、場所を変えることで収益の改善を行うことができますが、ホテルや病院など簡単には動かせないものは、収益の改善が難しいといった意味です。

バスの路線は比較的かんたんに変更して動かせますが、電車の線路はかんたんには動かせません。

◉人間の欲望はコロナ後も変わらない

オフィス需要や通勤電車の変化が、コロナ後も元に戻らない変化だとしたら、元に戻る変化としては、どのような変化があるでしょうか。

通勤電車がガラガラになったように、新幹線や飛行機もガラガラになりましたが、私は新幹線や飛行機の需要は、コロナが終息して自由に旅行ができるようになれば、必ず元に戻ると考えています。

なぜかと言えば、「旅行に行きたい」というのは、いわば人間の本能的な欲望の1つだからです。おそらく、ハワイに行きたくてウズウズしている人が、日本はもちろん、世界中にいることでしょう。私もその1人です。

コロナが終息すれば、これまで旅行に行けなかった分、多くの人たちがこぞって旅行に出かけることに疑いの余地はなく、日本にも、多くのインバウンドの旅行者が来ることは間違いありません。インバウンドが戻れば、新幹線や飛行機の需要はコロナ前に必ず戻ります。

したがって、**観光業、ホテル・旅館業、航空業、旅行業などは、個別企業がどうかは別として、業界としては必ずコロナ前の業績ぐらいまで戻ると見ています。**

私は、帝国ホテルの株価をときどきチェックしていますが、コロナショックの2020年3月、1000円台前半まで大きく下げました。ただ、その後すぐに1500円前後まで回復し、以後はコロナ前と同じ2000円前後で推移しています。

多くの投資家が、コロナが終息すれば、帝国ホテルの業績はコロナ以前と同じくらいまで回復すると見ているからでしょう。

日本全国にワシントンホテルを展開している藤田観光の株価は、コロナ前2800円前後でした。これが、コロナショック時には、約1400円まで半減しました。そして、それから1年以上も、2000円を回復することができませんでした。

投資家の間に、「ビジネス需要は戻らないのではないか」という懸念が強かったからかもしれません。ただ、2021年11月現在、2500円付近まで株価が戻っています。こちらも、コロナが終息すれば、藤田観光の業績はコロナ以前に戻ると投資家が見ているからです。

日本航空やANAホールディングスの株価は、依然としてコロナ前の価格まで戻っていません。しかし、いつになるかは別にして、業績、株価とも戻ると私は見ています。時期の問題です。

旅行会社のHISやKNT-CTホールディングス（近畿日本ツーリスト）なども、財務危機を乗り越えて財務破綻せずに生き残ることができれば、業績と株価の回復が見込めるのではないでしょうか。

これまで旅行が一切できなかった反動で、その後は、業績がコロナ前以上に高くなる可能性すらあります。

ただし、コロナが数年間長引き、海外旅行を含めた遠方への旅行ができない状況が長く続くようだと、資金が尽きてしまう可能性もあります。

人間の本能的な欲望はほかにもあり、みんなで集まってワイワイ飲食することもその1

つです。こちらも、コロナ禍では強く抑制されていた分、コロナが終息すれば、多くの人たちが街に繰り出して飲食店に集まることはまず間違いなく、飲食店の需要もまた確実にコロナ前に戻ることが予想できます。

ただ問題は、それがいつになるかです。すでに多くの飲食店が店を閉じました。コロナが長引けば長引くほど、閉店する飲食店が増えてしまうことも、残念ながら、また間違いのないことなのです。

◉百貨店業界はコロナ後に復活できるか？

このように、コロナによって業績が急激に悪化した業種、業界が多々あるなか、コロナ後に業績が回復する業種と、そうでない業種があります。株式投資を行うなら、どちらなのかを自分なりに判断することが求められます。

特に、株価が割安だからと、コロナ後に業績が回復しない業種の企業の株を買ってしまうと、株価も回復せず、痛い目に合うことになりますので注意が必要です。

私が、通勤電車で稼いでいた電鉄業や、オフィス賃貸で稼いでいた不動産業などとともに、コロナ後も業績が回復することは難しいと考えているのが百貨店業界で、それにともなってアパレル業界の一部も業績回復が難しいと見ています。

全国の百貨店の売上高は、現在すでにピーク時の約半分しかありません。地方には、百貨店がない県もあります。なぜないのかと言えば、地方経済が疲弊したため、百貨店を支えられる経済力がなくなったからです。

もちろん、東京の銀座や新宿、大阪の心斎橋や梅田、また、札幌や名古屋、福岡などの大都市の百貨店は、これからもなくならないでしょう。しかし、地方では、経済力の弱いところから順に百貨店がなくなっていくことになると予想できます。

百貨店業界にも、未来が早くやって来ており、富裕層向けの金融業や不動産業への転換の必要が生じています。

◉変化への対応で命運が決まるスーパー業界

百貨店業界とは違い、様々な変化への適切な対応ができるかどうかが問われているのが、スーパー業界です。変化対応ができている企業は生き残り、できていない企業は業績が厳しくなることが予想されます。

たとえば、大きなスーパーまで歩いて行けない高齢者が増えています。こうした高齢者のために、コンビニ的なスーパーが増えています。イオングループで言えば、「まいばすけっと」です。

コンビニもこうした高齢者や一人暮らしの増加にあわせて、個食用にパッケージした野菜などを売り始めています。このように変化対応できるスーパーやコンビニは、今後も生き残ることができるでしょう。

コロナのなか、神戸物産が展開する業務スーパーは絶好調です。「品質が良くて安い」という顧客ニーズに合った品揃えが人気でしたが、コロナによって「巣ごもりのための買いだめ」「まとめ買い」といったニーズが加わったことも追い風になっています。

前にも述べましたが、現在、所得の二極化が進んでいます。このため、価格に敏感な人が増えていることも、業務スーパーが好調な理由ではないでしょうか。

これはスーパーに限ったことではなく、高級アパレルは全般的に業績がかんばしくありませんが、ユニクロをはじめとしたリーズナブルなアパレルはそこそこ好調です。

ユニクロと言えば、東京オリンピックでスウェーデン代表のユニフォームがユニクロだったことに私はとてもびっくりしました。ユニクロは海外進出、特に欧米への進出に積極的ですから、これもＰＲ戦略の一環なのだと思います。

話は変わりますが、コロナでゴルフが人気だと聞きました。おそらく密にならないからでしょう。ただ、ゴルフ全体のステイタスは、今後下がっていくのではないでしょうか。

ひと昔前まで、フィットネスクラブはステイタスが高く、値段も高かったのですが、今は一般的になっています。ゴルフも同じように、一般的なスポーツになるのではないかと私は予想しています。

日本一会員権の価格が高いと言われる小金井カントリー倶楽部の会員の平均年齢は、70歳を超えています。若い人たちが高い会員権を買ってまでゴルフを始めるとは思えず、であるならば、小金井ほどの超名門クラブはどうかは分かりませんが、**ゴルフ場は生き残りのために会員権価格やプレー料金を下げざるを得なくなると考えるからです。**

◉生き残るメディア、消えるメディア

電車に乗っていて気づくのは、本や雑誌、新聞を読んでいる人がほとんどいないことです。ほんの数年前までは、少なくなったとはいえ、まだ数人いましたが、いよいよ見かけなくなりました。

正確に言うと、紙の本や雑誌、新聞を読んでいる人がいないだけで、スマートフォンを見ている人のなかには、スマホで本や雑誌、新聞を読んでいる人もいると思います。ただ、この光景を見れば、紙媒体の未来がかなり暗いことは明白です。

私は日本経済新聞を読み解く本などを多く書いてきた関係もあって、日経新聞社主催のセミナーに毎年、講演者の1人として参加しています。日経の人と話していると、以前は、紙の新聞をいかに売るかを日経新聞の営業は考えていましたが、今はデジタル版の購読者を増やすことに力を入れていることが分かります。

60歳超の私たちの世代より上は、紙の新聞を読み続けてきましたから、紙の新聞が読みやすいのですが、若い人たちは紙の新聞を読む習慣がまったくありません。

団塊の世代は現在も紙の新聞を購読していますが、彼らがいなくなったときに紙の部数が格段に減ることは火を見るよりも明らかです。

朝日新聞や読売新聞といった全国紙や、中日新聞や北海道新聞といったブロック紙は、紙の新聞がなくなったとしても、デジタル版やそれ以外の事業で生き残れるかもしれませんが、各県にいくつかある地方紙は、かわいそうですが、なかなか生き残るのは難しいのではないでしょうか。

私は以前から、共同通信社が多地域の地方紙との資本を含めた提携関係を強めて、グループ会社になればいいのではないかと考えています。

今は共同通信が中央のニュースを地方に配信していますが、逆に、地方のニュースを共同通信が吸い上げてまとめてデジタルで見られるようにすれば、地方の情報が欲しい人たちは共同通信のニュースサイトを見れば、知りたい地方のニュースが見られ非常に便利です。

地方の人たちが地方紙を購読している理由の1つに、訃報欄があります。地方の人たちは、地方紙の訃報欄を見て、知人の死を知り、お葬式に行くわけです。こうした情報もデジタルで見られるようにすることはできますし、特定の地域の訃報欄の記事だけを毎日配信することだってできるはずです。

共同通信なら、地方紙と提携を強めて日本各地の地方ニュースを集めて全国の誰もが見られるニュースサイトをつくれます。さらに、地方紙と地方テレビは資本関係など、何らかの関係性がありますから、それを活用すれば地方ニュースの全国への動画配信もできるのではないでしょうか。

信頼できる地方の情報をうまく統合できれば、それを知りたい人は必ずいます。それができるのは、実はNHKと共同通信ぐらいしかないのではないでしょうか。

新聞の地方紙も、地方のテレビ局も、どこも経営が苦しくなってきています。しかし、地方の情報を必要とする人はいますし、それを伝える地方メディアが存在することは、地方政治や地方行政の腐敗を防ぐ意味でも重要です。中央メディアも含めて、何とか、生き残りの道を探って欲しいと思います。

◉一部の地方銀行は消えていく

SBIホールディングスが、いくつかの地方銀行と資本提携を行って、デジタル化による「地銀連合」を形成しようとしていますが、それと同じことが、地方紙や地方テレビ局でも起きる可能性はあるでしょう。

ただ、地方銀行同士の再編がどんなに進んでも、私は、一部の地方銀行の生き残りは簡単ではないと見ています。システム開発投資などは共通化されることで費用が一時的に減りますが、その程度ではまったく生き残れません。

中央銀行がデジタル通貨を発行するようになれば、銀行でなくても決済業務ができてしまいます。

お金を貸すにしても、今は地方銀行が審査を行っていますが、国内最大の企業情報データベースをもつ帝国データバンクの審査を受けていて、かつ会計事務所を組織するＴＫＣの監査を受けている企業に対しては、やろうと思えば誰でもそれらの点数を見てお金を貸すことができます。

今でも、ＴＫＣの審査を受けている企業に対しては、銀行は審査を緩めています。ＴＫＣの税理士さんは厳しいですから。

送金も、銀行でなくてもできます。だから銀行は送金手数料を値下げしているわけですが、それは、銀行を中抜きしてお金が行き来することを恐れているからです。

デジタル通貨の時代に、本当に銀行が必要なのか。現在の銀行業務のうちデジタル通貨の時代にも必要なものがあるか。こう考えると、なくなる業務はたくさんあります。

現在の暗号資産は価格変動が大きいので決済に向きませんが、中央銀行がデジタル通貨を発行するようになれば、こうした問題もなくなります。

中国の中央銀行にあたる中国人民銀行は、すでにデジタル人民元の実験を始めており、発行に向けて計画を着々と進めています。

余談ですが、為替を管理している国の通貨は、基軸通貨にはなれません。なぜなら、世界中の多くの人たちが欲しがらないからです。

ただ、日本が１９７１年に変動相場制に移行したように、中国が為替の管理をやめて自由な変動相場制に移行すれば、デジタル人民元が基軸通貨になる可能性も十分にあるのではないでしょうか。

◉進む都市への一極集中

地方の百貨店、地方の新聞社やテレビ局、地方の銀行の未来は、残念ながら、明るいものではありません。それは、地方でいち早く人口減少が進むからであり、経済が縮小するからです。

それでは、都市部の未来は明るいのでしょうか。

現在、日本に限らず、世界的に都市部に人が集まってきており、都市への一極集中が進んでいます。

前述しように、九州では福岡市とその隣の糸島市の人口は増加していますが、それ以外のところは広域合併しても人口が減少しています。

「定年退職したら郊外や地方でのんびり暮らしたい」

このように思う人は多いのですが、実際には、高齢になればなるほど手足が不自由になり、郊外や地方での生活に不便さを感じることが増えます。このため、一度郊外や地方に移り住んだとしても、都市部の便利さを求めて回帰してくる傾向が強いのです。

こうしたこともあり、人口が集中する都心部のマンションは、これからもある程度は好調な売れ行きが続くことが予想されます。

逆に、地方の人口は減少しますので不動産価格も下がります。人が住まない地域が増え、空き家の数は、あと数年で1000万戸に到達すると言われています。私の大阪の郊外の実家も、両親が亡くなってからはずっと空き家です。

◉日本のREITに投資しているのは誰？

このように、日本は人口減少が進み、住宅の需要も減少しますので、都市部の一部を除いて、日本の不動産価格は将来的には下がると予想するのは、私だけではないはずです。

ところが、日本のREIT（不動産投資信託）は全般的に上がっています。これは常識的に考えるとおかしな現象なのですが、なぜなのでしょうか。

理由は、アメリカなどの投資家が日本のＲＥＩＴに投資をしているためです。アメリカの予想インフレ率は２％ですが、２０２１年11月現在では、実際には５％近くになっています。長期金利は１％超で、インフレ率のほうが約４％も高いため、アメリカの10年国債を持ち続けると損が出てしまいます。

一方、日本のＲＥＩＴは１年の利回りが３％程度。日本の金利はほぼゼロです。このため、為替が安定しているのであれば、日本のＲＥＩＴを買って約３％の利回りを得たほうが得になるとアメリカの投資家は判断して、日本のＲＥＩＴを買っているのでしょう。

だからと言って、それに乗っかって日本のＲＥＩＴを買って、ひと儲けしてやろうなどと考えると痛い目を見ます。

なぜなら、今後、アメリカの実質金利が上がり始めたら、アメリカの投資家はアメリカにお金を戻すことは間違いないからです。そのとき、日本のＲＥＩＴの価格は一気に下がることになります。中国の不動産バブル崩壊の可能性も不気味です。

日本のＲＥＩＴのなかでも、ホテル関連や物流拠点などに投資するＲＥＩＴは、いったん価格を下げても戻るかもしれません。需要がありますから。

しかし、オフィス関係や賃貸マンションのＲＥＩＴはあまり期待できないのではないでしょうか。

投資に限りませんが、何事も常識的に考えることが大切です。

◉私が不動産投資をやらない理由

REITについて述べたので、不動産投資についてもかんたんに触れておきます。

投資用マンションを買って賃貸で儲けようと考えている人もいるかもしれませんが、ここでも、常識的に考えることが大切です。

現在は都心のマンションなどで少し値上がりをしていますが、立地などで特別の好条件でない限り、この傾向がどこまで続くかに私は疑問を持っています。日本の人口が減るということは、マンションを借りて住む人も減るということです。住む人が減れば、賃貸価格を下げざるを得なくなりますので、賃料の相場も下がります。そうすると不動産投資の利回りは確実に落ちます。中国人を中心とする投資も盛んですが、恒大問題をきっかけとする中国での不動産バブル崩壊懸念や「共同富裕」政策の影響も不安です。

しかも、素人投資家は怖いもの知らずというか、無知というか、レバレッジを100％かけて（100％借金で）不動産を買うなどという恐ろしいことを平気でやります。

私は投資ファンドのパートナーをやっていますが、私たちプロでもレバレッジの上限は70％程度です。１００％レバレッジをかけたら、不動産が暴落するなど、最悪の場合、自己破産するしかないからです。

１００％レバレッジをかけるというのは、１億円の不動産を買うのに、１億円全額を借りること。**３０００万円の元手があり、残りの７０００万円を借りるのがレバレッジ70％で、これが健全な投資の上限です。**

現在は金利が低いので、利払いをそれほど気にかけませんが、レバレッジをかければかけるほど、返済や利払いに関して、当然のことながらリスクは高まります。いざというときに手仕舞える範囲内で投資を行うことが大事で、このため、レバレッジをかける株式の先物を買うのもおすすめしません。

また、不動産投資の場合は、利回りが15％以上見込めないと危険です。私は若いときにM&Aの仕事をしており、米国の不動産も対象にしていたので、不動産の売買も数多く見ました。だいたい15％以上の利回りが見込めないと、誰も買いません。不動産は売りたいときにすぐに売れないのと、価格変動リスクが大きいためです。

不動産投資をするなら、ＲＥＩＴのほうが、売りたいときに売れますし、面倒な手続きを行わなくて済みます。

不動産は基本的には住むものです。住む場所が2カ所、3カ所欲しくて不動産を買うのであれば、それはいいと思いますが、投資目的で買うことには、人口減少が進むこの国で、利回りが低い場合には、私は否定的な立場です。


コロナショックでハワイのコンドミニアムなどの不動産価格が暴落したときに、10万ドルから20万ドル程度の物件をいくつも買った知人がいます。

今後、コロナが終息すれば、ハワイに行きたくてウズウズしているのは日本人だけではありませんから、ハワイにどっと人が押し寄せることでしょう。

知人によれば、観光客が戻れば、利回りは少なくとも20%以上になるそうです。**こうした不動産投資ができるのは、私の知人がずっとハワイの不動産価格を見続けて相場観があるからです。**

こうした儲け話、大儲けした話は、実はよくあります。**人は損をしたときには他人に話しませんが、儲かったときには、儲かった話を他人にするためです。**だから、儲かった話を聞いて、同じことをやろうとするのは結構難しいものです。私の知人は、ある意味、天才的な商売勘がある人です。**自分の考え、自分の判断、自分の相場観、そして何よりも常識を大切にしてください。**

◉その事業の将来性を考える

投資のヒントは、目を凝らせば、あちこちに転がっています。

たとえば、そう遠くない将来、ガソリン自動車が減り、電気自動車（ＥＶ）が増えることはほぼ間違いないため、モーターなどの電気部品を製造する企業の将来性は高いと考えられます。

また、ＥＶでは、電気モーターの巻き線や各種の配線に銅を大量に使用することから、銅の需要が増大することが見込まれ、銅価格が上がっています。

銅価格の上昇から発想して私がチェックしたのが、住友金属鉱山です。投資家の間では「すみきんやま」と呼ばれる銘柄で、資源関連事業を手広くやっていて銅も扱っています。

コロナショックで一時的に中国の経済が停滞したため、銅価格も一時下がったのですが、それにともなって住友金属鉱山の株価も下がりました。そこで私は買いました。

中国経済の回復とともに銅価格は再び上がり始め、現在、銅価格は最高値圏にあります。

住友金属鉱山の株価も最高値をつけましたが、その後は少し下がっています。それでも私が買ったときよりかなり上がっています。配当利回りも、現在の株価で3％以上あります。

こうした**投資のヒントは、私の場合は新聞から得ることが多いです。**

ダイフクの株を買ったのは、多くの企業で倉庫の自動化を進めているからです。これからは、あらゆるものを、いかに「自動化（オートメーション）」するかもビジネスにおいて非常に重要で、倉庫の自動化を担っているのがダイフクです。5年ほど前に買いましたが、2倍以上に値上がりしました。現在の株価では配当利回りはあまりよくありませんが、将来性は大きいと思います。

もちろん、自動化されるのは倉庫だけではありません。ほかにも様々なものが自動化されていくはずで、そうした**自動化事業は将来性のある事業だと言えるでしょう。**

その反対に、変化しても変わらずに必要不可欠なものというのもあります。

私は、ブリヂストンの株を持っていますが、それは、車がEVになっても、燃料電池車（FCV）になっても、タイヤは必要不可欠だから。もし、空飛ぶ車が開発されたとしても、着陸するときにはタイヤが必要かもしれません。分かりませんが……。

また、アフリカや中東で車の市場はこれからすごく伸びることが予想されます。であるならば、タイヤ事業には、これからも成長余地、伸びしろが十二分にあるということです。こちらも、相場全体が下がったときに買っているので、2割以上値上がりしました。配当利回りもいまの株価で3％以上あります。

◉稼げる企業は、経営が上手い

会社が儲かるかどうかは、事業の将来性とともに、経営が上手いかどうかでも決まります。

経営とは、「企業の方向づけ」「資源の最適配分」「人を動かす」の3つの要素からなると私は経営コンサルタントとして定義していますが、私は8割は方向づけで決まると思っています。

「何をやるか」「何をやめるか」

これを決めるのが経営の一番の仕事です。

株を買うときも、1つは、長期的に事業として成り立つか、将来的に成長が見込めるかどうかを見ることが大事ですが、もう一つ、**経営が上手いかどうかを見ることも、私は大**

事にしています。

「〇〇ショック」で経営が傾くことがあります。とくに製造業は振れが大きい傾向があります。トヨタでも、リーマンショックのときは業績が急降下しました。ただ、長期的に見れば安定した経営ができています。

経営が上手いかどうかは、経営者に会わなくても、ＲＯＥが高いか、自己資本比率が高いかなど、経営指標をいくつか数期分見ればある程度分かります。

さらに言えば、経営が厳しいかどうか。子どもを働かせたい会社は、経営が厳しくない社員に優しい会社ですが、投資するのは経営が厳しい会社です。投資家としては、経営者に厳しい経営をしてもらいたいと思っています。

私は、日本ペイントホールディングスの株を持っていますが、この企業の親会社は、シンガポールのウットラムという塗料大手企業です。武田薬品工業は、株価が今はパッとしませんが、社長が外国人なだけでなく、役員の半数が外国人です。

親会社が外国企業であったり、経営者が外国人であれば、厳しい経営が行われているというわけではありませんが、少なくとも馴れ合いのぬるま湯経営にはならないでしょう。また、日本ペイントや武田のような、自己資本比率などの財務の安全性を確保しながらも、**「思い切った」ことをする企業も、ある程度のリスクはあるものの魅力があると思ってい**

ます。個人的には、武田では損をしていますが、5％程度の配当利回りは確保しています。日本ペイントは株価が買ったときの倍以上になっています。

注意すべきは、経営が上手いとはいえ、それが経営者個人の能力に依存している企業です。代表例が、ソフトバンクグループ。経営者は言わずと知れた孫正義さんです。孫さんが天才であることに疑いの余地はないでしょう。

ただ、裏を返せば、ソフトバンクグループには常に「孫さんリスク」があるということです。いくら天才の孫さんでも、永遠にかつ間違わずに経営できるわけではありません。孫さんがいなくなったときに同じような経営ができる人が果たしているのか。私は世界中を探しても、いないと思います。

あれだけ巨大なリスクをとって経営できるのは、孫さんだからであり、こうした**経営者依存度のあまりにも高い企業の株は、いくら経営が上手くても私は買いません。**

◉ペット市場は将来有望？

コロナで出張が大幅に減り、運動不足になりがちだったので、一時期、街を散歩することが増えました。散歩をしていて気づいたのが、犬の散歩をしている人が実に多いことです。そこで、ちょっと調べてみました。

一般社団法人ペットフード協会の調査によれば、2020年10月現在、犬の飼育頭数が約850万頭、猫の飼育頭数が約960万頭もいるとのこと。

近年、飼育頭数は横ばいか、微減なのですが、「1年以内の新規飼育者」は、2020年、犬が前年比14％増、猫が前年比16％増と15％前後も増えています。これもコロナの影響で在宅時間が増えたからなのかもしれません。

コロナによってペットと過ごす時間が長くなったからか、ペット用品の売上も伸びています。ペットを飼っていない私はあまり詳しくはありませんが、ペット専用のフィットネスクラブやペット葬儀、ペットホテル、ペット美容室などのサービスも好調のようです。

そんななかで、私が注目したのは、ペット保険です。ペットのための少額短期保険の人気が高まっているのは、ペットが病気になったときにお金がかかるからで、人間の健康保険に当たるものがないため、少額短期保険が人気になりつつあるのです。

動物病院のなかには、犬の心臓外科を専門にする病院まであります。地域の動物病院では高度な手術ができないためです。

こうして**ちょっと調べてみるだけで、ペット市場の今後が明るいことが分かります。**

子育ての終わった高齢者が増え、夫婦だけでは会話も少なく寂しいので、ペットでも飼おうかと考える人が多いことは、かんたんに想像できます。「子はかすがい」と言いますが、「ペットがかすがい」となりつつあるのでしょう。

ペットのトリミング（美容室）も私の住む地域にも何件かありますが、人間の散髪よりも料金が高く、トリミングを行う「トリマー」の資格を取得するための専門学校も人気があります。

これは私のお客さんから聞いたのですが、ペット専門のサプリメントもあり、人間用のサプリメントよりも儲かるのだそうです。

株式投資をするなら、将来伸びる企業の株を買ったほうがいいことに異論はないでしょう。では、どの企業が成長するかと考えたとき、まずはその業界が伸びていくかどうかを見ることが大切です。

業界が右肩上がりなら、その業界内で当然、競争はありますが、伸びる可能性があります。

逆に言えば、業界全体が衰退していくなかで業績を伸ばすのはなかなか難しいことです。

ですから、ペット業界のように、**まず将来伸びそうな業界を見つけて、そのなかで様々ある企業から「これだ！」という1、2社を見つけると良いのではないでしょうか。**

◉「リカレント教育」市場は拡大する

電車で本や雑誌、新聞を読んでいる人を見かけなくなったと述べましたが、逆に、スマートフォンでゲームをしている人はよく見かけます。こうした人たちを見ると、これからの時代、どうやって稼いでいくのだろうかと少し心配になります。

製造工場や建設現場などで働く、いわゆるブルーカラーの仕事は今後ますます減っていき、ほとんどの仕事は事務系のホワイトカラーの仕事になっていきます。朝からゲームをやっている人が、ホワイトカラーの仕事で稼げるかと言えば、難しいでしょう。

こうしたことも踏まえて、将来的に伸びそうなのが「リカレント教育」の市場です。リカレント教育とは、社会人の学び直しの教育のことで、すでにニーズが高まりつつあります。

就職氷河期に当たってしまった団塊ジュニア世代は、大学卒業時に自分が希望した企業に就職することがなかなかできませんでした。

一般的には、大企業ほど企業内教育が充実していますが、企業内教育があまり実施されていない企業に就職した人たちは、今もって社会人としての教育を十分に受けた経験がありません。

こうした人たちに対してリカレント教育を行うというニーズが日本社会としてあるのですが、大学がこうした社会人向けのリカレント教育ができるかと言えば、できません。

これまでも、大前研一氏のビジネス・ブレークスルー大学や、堀義人氏のグロービスなど、意識の高い社会人向けの教育機関はありました。これに加えて、そこまでハイレベルではないけれども、必要な学び直しができる社会人向けの教育ビジネス機関がこれから伸びていく可能性があると見ています。

また、経理などの資格を取得するための資格学校や、社会人のためのプログラミングの教育を行う学校も増えてきています。

私はこれまで様々な企業の役員会に出席してきましたが、システムのことが分かる役員はほとんどいませんでした。

私は銀行に入ってシステムの仕事をすることになったため、当時一番難しいと言われていた「特種情報処理技術者試験」を受験し、合格して認定を受けました。これを武器にシステム部門で出世したいと思ったのです。

この資格認定者はその当時勤めていた銀行で1人だけで、一緒に仕事をしたIBMや富士通などから派遣されている千人ほどのプログラマーでも1人しか資格を持っている人はいなかったため、ちょっと尊敬のまなざしで見られました。

それ以前、私がアメリカに留学していた当時、シティコープ（現シティグループ）の頭取だった、ジョン・リード氏が、システム出身でした。これからは銀行もシステムの時代だと思って日本に帰国したまさにそのときに、「システムをやれ」と言われたのです。

大企業であれば、システム投資は何十億円、何百億円とかかります。大銀行なら千億円単位です。役員でシステムのことが分かる人がほとんどいないため、外部に丸投げするしかなく、ベンダーの言いなりのシステムになっている事例が山積しています。

AIやDX（デジタルトランスフォーメーション）がますます進化することはまちがいないので、これからもシステムが分かる人の人材ニーズは高まるでしょうが、明らかに不足しています。

世の中は今後、表面的にはシンプルになる一方で、内部はより複雑になります。このことが一番分かりやすいのは、電車の自動改札機です。モバイル定期券をピッとするだけで非常にシンプルです。しかし、内部の仕組みは非常に複雑です。

シンプルに使う側に回るのか、複雑な仕組みを考える側に回るのか、どちらが儲かるのか、稼げるのかは言うまでもありません。

こうしたシステム開発系の教育は、企業としては社員の再教育課題として最優先されるでしょうし、個人としては稼ぐための技能の習得方法として有望です。

これ以外にも、新しく必要となる技能や不足する技能は、これからも次々と出てくると思われますので、こうした技能をリカレント教育する市場は成長が見込まれます。

◉「処分ビジネス」という新たな鉱脈

日本では人口減少が進みますが、それは亡くなる人が増えるということです。人が亡くなれば、その人が生前に使っていたものをどうするかという問題が発生します。

捨ててしまうには「もったいない」ものも多くあることから、「処分ビジネス」が増えています。

着物を処分したい人を対象に着物の買い取りを行うバイセルの広告をよく目にします

が、着物以外にも「お宝買います」「金（ゴールド）買います」「貴金属買います」「ウイスキー買います」といった様々な広告を目にする機会が増えています。

こうした**処分ビジネスも、時代のニーズに応じて、今後さらに増えていく可能性があると見ています。**ただ、参入障壁が低いので、参入者が増えれば競争が激化しますので、誰もが儲かるわけではないでしょう。

メルカリのフリマアプリも、処分ビジネスの亜種かもしれません。個人が不要になった売りたいものを売りに出し、買いたい人がそれを買うというシンプルな個人間の売買ビジネスですが、売りたいものとは、つまり不要になって処分したいものです。

かく言う私の家にも、まったく使われていない新品の食器類など、様々なものがたくさん眠っています。同じように日本の家々に様々なものが眠っているのだとしたら、処分したいと思いつつも、新品を捨てるのはしのびないし、いくらかのお金になり、誰かが喜んで使ってくれるのなら、売ってしまおうと考える人が数多くいてもおかしくありません。

こうした背景もあって、メルカリで多種多様なものが売られているのだと思います。

処分ビジネスは、いわば中古品売買であり、リサイクルビジネスです。ということは、その分、新品が売れなくなっているはずです。**こうした新しいビジネスや、それによって起きている変化も、投資のヒントになるのではないでしょうか。**

◉コストアップをチャンスにできる企業か

アパレル産業は、あまりにも売れ残りが多く、無駄が多いことが、環境問題（エコロジー）の観点からも問題視され厳しく批難されています。

エコ対応や地球温暖化防止のためのCO_2削減というのは、世界的潮流のため、企業としても、業界としても逆らうことはできません。ただ、エコやCO_2削減を進めるためには、企業のコストがアップすることだけは確かです。

こうしたコストアップをチャンスにする企業もあれば、ピンチにしてしまう企業もあります。投資家なら、どちらの企業なのか、注意を払う必要があり、投資するなら、CO_2削減などをチャンスにできる企業です。

エコのために、レジ袋が有料化され、数円で買うようになりました。これによりコンビニでレジ袋を辞退する人が70％以上になり、有料化以前は25％程度だったので3倍近く増えたことになります。

これだけ聞くと、「レジ袋有料化は、非常に有効だった」という評価になりますが、その一方で、レジ袋をゴミ袋として使っていた人たちが、新たにゴミ袋を買うようになり、ポリ袋の売上がレジ袋有料化前の2倍以上に増えています。

こうした様々なことまで広範囲に見て、本当にエコなのか、どうするのが一番エコになるのかを今後も考えていく必要があるでしょう。ちなみに私は、マイバッグを持ち歩いています。

地球温暖化が今後も進むことを考えると、エアコンの将来も明るいのではないでしょうか。ダイキン工業は、エアコンメーカーですが、ビルの空調システムなどにも強く、しかも世界約150カ国で事業を展開しています。日本リスクを回避することができるグローバル企業ですから、投資先として検討してみても面白いのではないかと思います。

◉ストーリーとロマンで長期投資を愉しむ

ここまで、投資のヒントになりそうな事柄を様々な観点から述べてきました。それは、投資先選びは株価をはじめとした数値だけで行うものではない、ということを伝えたかったからです。

私は、株式投資にはストーリーがあり、ロマンがあると考えています。自分が見たある事象から発想を膨らませて、自分なりの仮説を立てると、それが自分だけのストーリーになります。仮説ですから間違うこともありますが、間違ったらストーリーを修正すればいいだけです。自分だけのストーリーを考えるのは、私にとって頭の体操であり、またお金を増やすチャンスでもあり、ワクワクするような楽しい時間です。

そして、**自分の考えた仮説やストーリーに沿って、ある企業に投資を行うと、自然とその企業を応援したくなります。それは、自分のストーリーには、自分が実現したい未来が反映されているからなのでしょう。**

だから、株式投資を行うことで、私はロマンを感じることもできるのです。もちろん、それで自身も豊かになる可能性があります。それも本書で書いたようなやり方をすれば、その可能性は高いと信じています。

読者のみなさんも、ぜひ自分なりのストーリーを描きながら、ロマンを感じながら、長期株式投資を愉しんでみてはいかがでしょうか。

◉65歳からでも、やりたいことはできる

「あなたは、お金を増やして何をやりたいのですか？」

こう聞かれたら何と答えますか。意外と答えられない人が多いのではないでしょうか。

お金を増やすために長期の株式投資を行っていると、いつしかお金を増やすことが目的になってしまい、本来あったはずの目的が忘れられてしまいがちです。

「豊かな老後生活を送るため」という目的だったとしたら、**増えたお金をどのように使ったら自分が豊かさを実感できるのか、もう少し具体的に考えておくとよいかもしれません。**

「お金も時間も使うもの」なのです。

私の場合は、これまでにも述べてきたように、まず自分自身がこれまで額に汗して稼いできたお金が、日本政府の無策のせいで価値が大幅に減ってしまうのは、あまりにも悲しく理不尽だと思うから長期の株式投資を行っているので、特段お金を増やしたいわけでは

ありません（でも、結果的には増えています）。

70歳までは仕事をしたいと考えていますし、日々の仕事や生活も充実しているため、十分に心豊かな生活を送っています。私は発想を膨らませて仮説やストーリーを考えるのが大好きなので、頭の体操のために株式投資を行っているとも言えます。


さて、私が役員をやっている会社に、塾を全国展開しているワオ・コーポレーションがあります。代表取締役社長の西澤昭男さんは78歳で、もう20年以上のお付き合いになります。


西澤さんは映画をつくりたくて、大学を卒業するときには、映画会社から内定をもらったそうです。ただ、最終的には大学院に行く道を選択し、大学院時代に生活費を稼ぐために始めたのが塾でした。人生は分からないものです。ただ、昔からこう言っていました。

「60歳になったら映画監督になる」

そして、本当に60歳のときに映画をつくりました。津軽三味線の始祖の話で「NITABOH」というタイトルなのですが、この映画がアジア最大のアニメ映画祭の長編部門コンペティションでグランプリを受賞します。

その後も教育に役立つアニメ映画づくりを続け、現在は４本目を制作中です。

西澤さんがすごいのは、映画づくりと並行してアニメの学校をつくって、それもビジネスにしていることです。

また、短いアニメ作品をつくりたいというニーズは様々な企業にもあり、そうした作品の制作を請け負う仕事もビジネスにしています。

副業をする際には、自分の好きなこと、自分に向いていること、自分が得意なことを副業にするのが一番だと述べましたが、まさにそれを実行した良い事例が西澤さんです。

やはり、いくつになっても、やりたいことに挑戦することは大事なことです。60歳からでも、それまでの準備次第で、新しいことや自分の夢に向かって挑戦することは十分に可能なのです。

やりたいことがあっても、何かと理由をつけて実際にはやらない人が大多数です。

しかし、歳をとっても、それなりに能力があって、やる気があれば、できることはたくさんあります。やりたいことをやるために、それまで増やしてきたお金を使うことができるのならば、こんなに嬉しいことはないと思うのですが、いかがでしょうか。

◉発想は大きく、大きく、どこまでも大きく

私もときどき「何でこんなに小さくものを考えているのか」と反省することがあるのですが、最近の日本人は、どういうわけか物事を小さく考えがちです。

しかし、**小さく縮こまって考えるのではなく、大きく発想したほうが何事も上手くいくと思いますし、何よりも人生が楽しくなります。**

モンゴルで3位の企業グループである、タワンボグド・グループの創業者、ツァガーチ・バータルサイハンさんは、日本の電気通信大学を卒業しており、日本語がペラペラです。

彼は、毎日、日経新聞の電子版を読んでいて、「お金を追うな、仕事を追え」という私の師匠の言葉が気に入り、それを紹介していた私の記事を見つけて国際電話をかけてきました。講演の依頼だったので、モンゴルの首都ウランバートルまで行って講演をする約束をしました。

それから2カ月後、バータルサイハンさんが日本にやって来た際、いろいろな話で盛り

上がり、意気投合しました。そんなこともあり、2017年、18年、19年と私は3年続けてモンゴルに行って講演をすることができました。

タワンボグド・グループは、カシミアの製造工場を持っており、そのカシミアで製品をつくり販売しています。羽田空港の第1ターミナルに「ゴビ」という店を出しました。

また、同グループはハーン銀行も経営していますが、このハーン銀行は、HISの創業者澤田秀雄さんと共同でつくられた銀行です。モンゴルで有数の利益が出ている銀行です。

モンゴルで一番のトヨタのディーラーやホテル事業も行っており、その企業数は19にも及びます。従業員数は約1万2000人。モンゴルの1位、2位の企業グループは、共産主義時代に国営だった企業グループなので、純粋な民間企業グループとしてはモンゴルでトップです。

そんな大企業グループであるがゆえに、コロナの影響も大きいはずで、様々な意味で大変だろうなあと思っていたのですが、2021年6月、突然、バータルサイハンさんから電話がかかってきました。

「コロナで大変だろうと心配していたところです」と話したら、「小宮さん、心配なんかいらないよ」と、あっさりと言われてしまいました。

なぜ電話してきたのかと言えば、バータルサイハンさんが日本に来たときに、私のお客さんのステーキ屋さんに連れて行ったことがあったのですが、その肉が非常においしくて気に入ったので、同種の牛を２０００頭モンゴルで飼育し始めたという報告の電話だったのです。

モンゴル牛、あるいはウランバートル牛としてブランド化したいと言っていましたが、この発想が人並み外れていると思いませんか。ステーキを食べてうまいなあと言うだけの人と、ステーキ屋をやろうかという人、牛２０００頭買っちゃう人、これだけ違うのです。

この話を聞いて、こちらが元気になりました。こうした人たちと話すと、日本人は何かちまちま生きているなと思ってしまいます。

お金がないからとあきらめる人、お金がないからと銀行から借りる人、お金がないからと銀行をつくってしまう人。バータルサイハンさんが、ＨＩＳの澤田さんと共同で銀行をつくったのは、先述の通りです。

トヨタのディーラーもやっていますが、ここのお客さま第一主義も徹底しています。

モンゴルの人たちはそれほど豊かではないため、車を買うときには必ずと言っていいほどローンを組みます。ローンを組みやすいために、カーディーラーのお店の中に銀行の店があるのですが、グループの銀行だけでなく、グループだけだと競争がないからと、他の銀行の店も出店しています。

保険会社もグループ内にあるのですが、こちらも他社の保険をお客さまが選べるように3社入っています。

ケチなことを考える人は、自グループの銀行、自グループの保険会社だけにしてお客さまを囲い込もうとしますが、本物の経営者はお客さまのために競争させるのです。

私の講演は、このグループの幹部約300~400人が聴衆でした。このうち約30人ほどは日本への留学経験があり、私が松下幸之助さんの話をすると、バータルサイハンさんは『道をひらく』を買ってきて社内で勉強会をやるように、講演のその場で指示していました。

バータルサイハンさんもまた、せっかちな人です。また、そうでなければ、一代であれだけの企業グループなどつくれません。

私が最初にモンゴルに行ったとき、彼は500キロメートルも離れたイルクーツクにいて、そこから自分でランドクルーザーを運転して戻ってきたと言っていました。こうした行動力も図抜けています。

このときのウエルカムがすごくて、彼の家に行ったのですが、モンゴル音楽を演奏する5人組のバンドを呼んでいました。馬頭琴の演奏や、モンゴルでも数人しかいない二重に声が出せる人の歌を聴かせてくれました。そのときの音色や歌声は今も忘れられません。

2回目のときのウエルカムはさらにすごくて、ウランバートル郊外で講演を行うためにホテルに迎えに来たランドクルーザーに乗って行ったのですが、目的地に着くほんの10分ほど前の場所でいきなり待機してくれと命じられました。

そこは何もない草原だったのですが、民族衣装を着て槍《やり》や刀を持った人たちが5人、馬に乗って私が乗っているランドクルーザーとゆっくり併走するのです。

これには本当に驚きました。私もいろいろなところに行き、様々なウエルカムを受けましたが、こんな壮大なウエルカムははじめてでした。

こうした発想は、**お金があるからできるというものではなく、人生を楽しんでいるからできるのだと思います。自分の人生の目的が何なのか、きちんと理解しておかないと、人**

生を楽しむことはできません。

もちろん細かく考えなければならないことも多いのは事実です。しかし、ときには、こうした大胆な発想をして実行することも人生には大切なのではないでしょうか。

◉お金が十分に増えたら寄付する

お金を順調に増やすことができたら、自分がやりたいことをやるのが第一です。それ以上にお金が増えたときには、寄付するなど、世の中のために使うことを考えてみたらよいのではないかと思います。他人のためにお金を使うと、きっと良いことがあります。

私のお客さんのなかに、子ども食堂を手伝っている人がいますが、世の中には貧しい人が増えていると言っていました。

よく分からないところに寄付すると、どうお金が使われるか分からないので、知り合いが関係しているところがあれば、そこに寄付するのが一番です。

こうした使い方をするとお金が生きます。自分がただ持っているだけでは、お金は生きません。

バフェット氏は、自分が死んだらお金は全部寄付すると言っています。ビル・ゲイツ氏は兆円単位で寄付しています。寄付の文化はキリスト教文化に由来するため、日本では残念ながら文化と言えるほど浸透していませんが、これからは増えていくのではないかと期待しています。

社会に役立つことをする。社会に貢献する。稼いだお金で事業を始めてもいい。優れた製品やサービスを提供すれば、それが社会の役に立ちます。

こうした話をすると、「きれいごとばかり言うな」と言う人がいます。しかしながら、**きれいごとを言って、きれいごとを実際に行う人が儲かるのです。**日本資本主義の父、渋沢栄一翁もそうでした。

お金を稼ぎ、貯め、増やせて、さらにやりたいことができた暁《あかつき》には、少額でもいいので寄付などの社会への貢献、も考えてみてください。きっと、金額以上の思いもよらないものが得られると思います。

この本が、心身ともに皆さんの生活を豊かにすることを心より願っています。

最後に、本書作成にあたり、ぱる出版の原田陽平さん、坂田博史さんにとてもお世話になりました。かれらのおかげでとても良い本に仕上がりました。この場を借りて心よりお礼申し上げます。

２０２１年初冬
著者

小宮一慶（こみや・かずよし）

経営コンサルタント。株式会社小宮コンサルタンツ代表。十数社の社外取締役や監査役、顧問も務める。

1957年、大阪府堺市生まれ。1981年、京都大学法学部卒業。東京銀行に入行。1984年から2年間、米国ダートマス大学経営大学院に留学。MBA取得。帰国後、同行で経営戦略情報システムやM＆Aに携わったのち、岡本アソシエイツ取締役に転じ、国際コンサルティングにあたる。その間の1993年にはカンボジアPKOに国際選挙監視員として参加。1994年には日本福祉サービス（現セントケア・ホールディング）企画部長として在宅介護の問題に取り組む。1996年に小宮コンサルタンツを設立し、現在に至る。

経営、会計・財務、経済、金融、仕事術から人生論まで、多岐に渡るテーマの著作を発表。その著書150冊を数え、累計発行部数は390万部を超える。

主な著書に、『ビジネスマンのための「発見力」養成講座』（ディスカヴァー21）、『お金を知る技術　殖やす技術』（朝日新聞出版）、『世界一やさしい 経済の教科書1年生』（ソーテック社）、『図解「ＰＥＲって何？」という人のための投資指標の教科書』（PHP研究所）他多数。

新時代《しんじだい》の堅実《けんじつ》なお金《かね》の増《ふ》やし方《かた》

2021年12月17日　初版発行

著者　小宮一慶
発行者　和田智明
発行所　株式会社 ぱる出版

〒160-0011　東京都新宿区若葉1-9-16
03(3353)2835 — 代表　03(3353)2826 — FAX
03(3353)3679 — 編集
振替　東京 00100-3-131586
印刷・製本　中央精版印刷(株)

ISBN978-4-8272-1316-4　C0034